领想管理丛书

陶立生　主编

高效能

# 岗位运营管理

**Position Operation Management**

## 创建高效能工作方式与管理方法

奠定中国企业的职业规范与管理基础

**陶立生　王　成**　著

上海财经大学出版社

**图书在版编目(CIP)数据**

岗位运营管理/陶立生,王成著. —上海:上海财经大学出版社,2021.6
(领想管理丛书/陶立生主编)
ISBN 978-7-5642-3760-8/F·3760

Ⅰ.①岗… Ⅱ.①陶…②王… Ⅲ.①企业管理-运营管理 Ⅳ.①F273

中国版本图书馆CIP数据核字(2021)第107829号

□ 责任编辑 徐 超
□ 封面设计 贺加贝

**岗位运营管理**

陶立生 王 成 著

上海财经大学出版社出版发行
(上海市中山北一路369号 邮编200083)
网 址:http://www.sufep.com
电子邮箱:webmaster @ sufep.com
全国新华书店经销
上海叶大印务发展有限公司印刷装订
2021年6月第1版 2021年6月第1次印刷

710mm×1000mm 1/16 15印张(插页:2) 235千字
定价:58.00元

# 重塑中国社会的职业理念与工作方式

# 序

我从事人力资源管理和人力资源管理研究工作多年，主持和参与了国家人力资源管理师系列教材的编写工作；近 20 年一直在上海交通大学海外教育学院负责企业高管的非学历教育及学院的教学教务管理工作。在这个过程中，我们发现：一方面，中国大部分民营和国有企业的经营管理在专业性和规范性层面与外资企业之间还有很大的差距，有改善的空间；另一方面，西方的管理理论和管理方法在国内的教学和企业应用过程中还存在不系统、难落地的现象，尤其在中国经济总量跃升至世界第二的水平时，那些西方理论更出现了很多不适应。中国企业的管理提升和人才开发工作，需要结合中国社会的人文环境和企业实践，进行理论和方法上的系统的创新和规范，以适应和满足中国企业与中国社会的发展需要。

偶然的机会，我接触到本书的作者陶立生先生，从相识到相知，他是我难得见到的一位长期坚持在企业实践中进行管理研究的管理者，是一位同时在管理学学术领域和企业管理应用层面进行很深入的思考和探索的研究者与实践者。他用二十多年的学习与实践，结合西方的管理理论和中国企业的管理需要，辛勤整理和编写了这本《岗位运营管理》著作，以飨读者，并期为中国企业的管理提升做出应有的贡献。

岗位管理是企业人力资源管理的一个基本环节。但从运营角度来阐述岗位管理，却是一个全新的领域。作者以他独特的视角和长期在企业管理实践中的切身感受，创造性地发现并提出了岗位运营管理这一概念。长期以来，中国的管理学教育和企业的管理实践，一直没有系统和完整地针对岗位执行层面进行运营管理的管理理论和管理方法，岗位运营管理概念的提出，弥补了中国的管理理论和企业的管理实践在岗位执行层面进行运营管理的空白与不足。

岗位运营管理，是企业运营管理在岗位执行层面的延伸与实施，构建企业的岗位运营管理体系，是对企业运营管理体系建设的补充和完善，有助于企业经营战略与管理措施在岗位执行层面的有序组织和规范执行，协助企业构建更加系统、专业、规范和高效的管理体系与管理标准。

此外，岗位运营管理，对于企业的员工和管理者来说，也是一套系统和完整的工作方式与管理方法，有助于员工和管理者提升职业技能与管理水平。

中国的企业正处在高速发展阶段，企业的业务规模和组织结构在不断地发展变化，员工的流动性和岗位的变动非常频繁，如何在这种快速的变化和流动中，构建适合中国企业管理现状和员工职业发展需求的管理模式和工作方式，《岗位运营管理》是一种将西方管理理论与中国的人文环境和企业实践相结合的有意义的尝试，是对中国企业管理模式和管理方法的探索和创新，值得企业的管理者和员工借鉴和参考。

希望本书在岗位运营管理理念和方法上的创新与应用，能够对中国企业管理效率和管理质量的提升，以及员工职业规范和管理技能的培养起到一定的引导作用。同时，也希望作者，能进一步结合中国企业的管理实践和管理需要，在中国企业的管理研究与管理创新领域做出更多思考和贡献。让我们共同期待。

**王良志**
上海交通大学海外教育学院教务长
二〇二一年三月于上海

# 前　言

## 创建高效能工作方式与管理方法

岗位运营管理(Position Operation Management,POM)是基于企业的运营管理而提出的一个全新的、重要的管理概念,研究和探讨岗位运营管理,用以补充和完善中国企业管理体系和管理技术在岗位执行层面的不足或缺失。

### 一、为什么要提出并研究岗位运营管理?

改革开放四十多年,中国经济取得了快速发展,中国企业的数量不断增加,单个企业的规模也在不断扩大。不过,在这个过程中,中国企业的管理体系建设和中国社会的职业行为规范还处在初始的起步阶段,我们在管理理论和管理技术上的研究和应用正面临着经济发展和企业成长带来的巨大的需求与挑战。

#### (一)效能提升与跨越中等收入陷阱

2020 年,中国人均 GDP 达到 10 000 美元,在经历了四十年的高速增长之后,中国经济已经发展到一种被称为“中等收入陷阱”的阶段。在这一时期,中国企业遇到一种典型的、普遍的发展困境:企业规模增长与效益下降之间形成的巨大的生存压力和经营风险。

近年来,中国经济环境和企业经营状态呈现出以下几个特点:

一是经济规模持续扩大,但经济增长速度放缓;

二是企业数量不断增加,市场竞争加剧;

三是各种经营成本大幅上涨,投资收益持续下降;

四是员工工资上涨,劳动生产率相对下降。

效率驱动和效能提升，是中等收入国家突破传统增长方式，跨越中等收入陷阱，迈入高收入国家的必经之路。

与高收入的发达国家相比，中国现有的劳动生产率总体水平只有美国、德国和日本的六分之一到三分之一，通过管理创新和技术创新提升组织能力和劳动效率，是中国经济与中国企业实现产业转型升级，促进经济规模从量变到质变，达到欧美发达国家同等水平的一个关键性措施。

自 2015 年以来，中国就在大力推动供给侧改革，供给侧改革的核心是通过创新来促进企业的转型升级。在市场经济发展初期，中国企业采取的主要是扩大投资和规模取胜的粗放式的增长方式，这种增长方式达到一定规模之后就面临新的压力和挑战。2008 年亚洲金融危机之后，中国企业的管理方式和发展模式正在经受这种压力和挑战的考验，**能否通过管理创新和技术创新来提升企业的工作效率与组织效能，实现企业向集约化、精细化和规范化发展模式转型，是中国企业突破中等收入陷阱、实现可持续发展的关键路径。**

**（二）管理创新成为当前中国企业效能提升的核心要素**

为什么管理在当下的中国显得越来越重要？

管理受到重视并不是在市场经济发展之初或企业成立之时就得到充分的认知和认同的，管理的应用和发展是随着市场经济的发展和企业规模的扩大而逐步被发现和研究应用的。

西方的管理学的应用和发展，是在亚当·斯密 1776 年发表《国富论》之后的 100 多年，马歇尔在 1890 年发表的经济学著作《经济学原理》中，才把管理（企业家才能）视同土地、劳动和资本一样纳入企业的生产要素。

从此之后，管理对于西方发达国家的经济发展和企业效率提升起到了巨大的推动作用。1911 泰勒出版了《科学管理原理》一书，掀起了欧美国家管理理论的全面发展和应用。第二次世界大战之后，德国和日本经济的快速增长，也是与精益生产和管理技术应用密不可分的。

中国改革开放之后，在市场经济发展最初的三十年里，管理并没有得到充分的重视和应用，中国企业的发展主要是依靠低成本的劳动力、矿产、土地等资源优势，在一片空白的市场里快速增值和变现，众多企业在国内和国际市场获得短期的迅速发展和财富积累。

在这三十年里，中国无数的企业迅速发展甚至红极一时，很多企业把抢占市场、扩大生产、占据资源、强力营销等手段作为企业经营的核心措施。

但随着经济的发展，市场红利、劳动力红利和资源红利逐步退去，传统企业的盈利能力极速下滑，到了 2008 年，加上亚洲金融危机的冲击，中国企业的经营犹如雪上加霜，大量的企业亏损或倒闭。

2008 年之后的十年，是互联网与新经济快速发展的十年，阿里巴巴、华为、腾讯、京东等一批互联网和新技术、新材料企业带动了中国新经济和企业新的商业模式的发展。

互联网的出现与 IT 技术的发展，使商业模式创新和新技术应用成为企业家和创业者关注的新的焦点和方向。阿里巴巴与华为这些在商业模式创新和技术创新领域取得突出成就的企业，成为当前中国企业学习和模仿的典范。

不过，能够在商业模式、产品和技术上实现创新和突破的企业并不多，对绝大多数企业来说，如何实现生存和可持续发展，仍然是一件非常困难的事情。

在新的经济发展环境下，什么是企业寻求技术创新和效率提升的内在动力和核心措施呢？管理创新，是支持企业进行产品、技术和商业模式创新的管理基础，是中国企业和中国经济取得效率提升和突破增长陷阱，从中等收入阶段向高收入阶段发展的核心动能，华为、阿里巴巴、腾讯等企业在管理创新上的应用和成果给我们提供了一个很好的例证。

**管理，是继劳动力、土地、资金、技术之后，促进经济增长和企业发展的重要的生产要素。**

管理创新是开发和提高个体创新能力与劳动效率的重要途径，也是优化和提升组织运行机制和创造能力的重要方式。重视管理创新和管理科学的应用和研究，推动中国企业的管理创新和管理效率提升，将影响和决定中国企业和中国社会未来的发展质量和发展前景。

### （三）构建中国企业的职业规范与管理基础

改革开放后中国经济刚刚走过四十来年的时间，中国企业是在一穷二白的市场上，通过学习与借鉴西方企业的经营模式，经过自我摸索与实践发展起来的，管理在企业经营中的重要程度才刚刚被社会所认知和重视。

中国的管理学和企业管理主要来自西方发达国家如美国、日本和德国的管理理论与管理实践。

**德鲁克说,“管理是一种实践”。**

**管理不只是简单的、可以照搬的技术和工具,管理是具有社会文化的差异性和适应性的,是不同的国家和企业在其特定的社会经济和人文环境的基础上所创造的管理理念与职业行为,并且是在其社会历史进程中长期积淀的结果。**

美国的各种管理理论和管理思想,形成了美国企业的管理制度和管理文化;德国的职业教育和工匠精神,形成了德国企业的职业理念和管理思想;日本的精益生产和质量管理,形成了日本企业的职业理念和管理方法。

我们现在虽然在学习西方的管理理论和各种管理方法,但在企业的实践应用过程中,是存在极大的差异的,可能只有极少数有实力的、非常优秀的企业才能比较系统、全面地学习与构建自身的管理文化和管理体系,而大多数的中小企业,缺乏这种学习和构建管理文化与管理体系的系统性,这就造成了在中国不同企业之间在经营能力和管理水平上的参差不齐和巨大差异,这在很大程度上阻碍了当前中国企业和中国经济整体的健康、有序的发展。

无论是欧美的管理理论、日本的精益生产还是德国的工匠精神,都是在其自身的社会经济和人文环境的基础上长期发展和积累的成果,**我们对这些管理理论和职业理念的学习和借鉴,目前都还是处于某些局部的应用和实践,还没有哪一种管理理论和职业理念在中国得到系统性的、普遍性的应用和推广,更没有与中国的社会经济和人文环境相结合发展成为被中国社会普遍认同的管理理论和职业理念。**

**中国的企业和中国的社会急需要在基于中国的社会经济与人文环境的基础上,探寻适合中国企业的职业理念和管理方法,奠定中国社会的职业规范与管理基础,并以此来提升中国企业的管理水平和经营质量,促进中国社会的职业化和规范化健康协调发展。**这也是本书推出岗位运营管理研究和应用的核心思想与主要目标。

## 二、岗位运营管理的创新与功能价值

在研究和探寻中国企业当前最重要、最核心的企业管理创新和组织效能提升的途径和方式的过程中，我们发现，岗位管理是中国企业的一个非常薄弱的环节。无论在管理理论领域还是在企业实践当中，企业对岗位执行层面的管理和重视程度严重不足，管理者对岗位执行层面的工作缺乏有效的途径和方法，员工对岗位执行的认知和理解也存在巨大的差异。

**岗位是构建企业的基石，是员工工作的基点。**

岗位是企业最小的组织单元，岗位是员工与企业发生关系的纽带，岗位是人与事合二为一的结点。

**岗位是企业大厦得以矗立和存续发展的基石与锚点，但在中国现有的企业管理体系中，关于岗位的管理与执行工作并没有形成一套系统的体系与方法，甚至在企业内部没有一个职能部门把岗位的管理与执行作为一项重要的管理职能进行组织和管控。**

**在中国现有的企业管理体系中，岗位管理的概念主要是针对岗位设置和岗位编制所开展的静态的岗位设置的管理，没有针对岗位在企业经营过程中如何履行岗位职责和实现经营目标的动态的岗位运营管理的概念和方法，这在很大程度上制约了企业经营战略和管理措施在岗位执行层面的实施和落地，严重影响了企业经营管理在岗位执行层面的管理效率和工作质量。**

**提出岗位运营管理的概念和方法，旨在通过整合企业的业务管理与人力资源工作，构建岗位执行过程中的管理理念和工作方法，分解和承接企业的各项经营计划和管理措施，促进企业的经营管理工作在岗位上的执行和落地。**

本书的内容和目的，是以岗位管理为视角，研究和探讨岗位运营管理的具体的理念与方法，并以此为基础，探讨中国企业管理体系和管理技术的研究和应用，探寻中国社会员工职业意识与职业规范培养的路径，以有助于推动中国企业管理效率的提升和中国经济的整体发展。

岗位运营管理的研究和探讨，对于中国企业和中国社会来说具有以下几个方面非常重要的功能：

**第一，建立企业的岗位运营管理制度和管理模式，完善企业的运营管理体系。**

岗位运营管理是企业运营管理体系在岗位执行层面的延伸与完善。中国大多数企业的运营管理体系，主要是以公司级和部门级为单元进行规划和设计的，在岗位执行层面的体系建设相对比较薄弱。岗位作为承载企业经营管理工作的最小的、最基本的组织单元，我们对于岗位如何分解并有效承接企业级或部门级的经营计划与各项管理措施，所做的系统化、体系化的研究与应用相对较少，这在很大程度上影响了企业的执行效率与经营质量。岗位运营管理是一套用于承接和分解公司的经营计划和管理措施在岗位执行层面的管理规范，是企业运营管理体系在岗位执行层面的延伸，岗位运营管理是中国企业在运营管理模式上的一种创新与探索，是对中国企业运营管理体系的补充和完善。

**第二，岗位运营管理整合了人力资源管理与运营管理于一体，形成一套完整的岗位工作规范。**

在没有人力资源管理之前，人只是满足生产需求的一种活的劳动工具；有了人力资源之后，人和事成了两个不同的管理对象。我们有时候会把管理称为管人理事或管事理人，无论是管人理事，还是管事理人，这两种表述都是把人与事分隔成两个不同对象归属于不同的职能进行管理。这就导致在中国的很多企业，业务运营管理和人力资源管理是分隔的、脱节的，业务运营管理由运营部门负责，按运营管理的模式和逻辑进行组织和实施，人力资源管理由人力资源部门负责，运营部门重视事的管理，人力资源部门重视人的管理。这种人与事相互独立和脱节的现象，既影响了事在员工身上的具体落地，也影响了人力资源在岗位执行上的管理应用，由此造成了企业经营管理工作在岗位执行层面的困难与脱节，制约了中国企业管理水平和管理效率的提升。岗位运营管理整合了人力资源管理与业务运营管理，形成在岗位执行层面的一套完整的管理规范与工作标准。

**第三，岗位运营管理是管理者的一套新的管理思路与管理方法。**

管理者关于管理的概念与认知，无论是基于管理过程所采取的计划、组织、领导、控制等管理行为，还是基于业务类别所实施的战略管理、运营管理、营销管理、生产管理、技术管理、采购管理、财务管理和人力资源管理等各项管理内容，这些管理行为和管理内容都是自成体系、相互独立并分属于不同的职能管理部门或管理岗位，在企业的实际应用过程中，管理者很难把它们有机地结合在一起进行推进和实施。实际工作中，管理者更多的是根据自身的经验和偏好进行选择性应用，这就影响了企业经营管理工作的整体性与一致性。岗位运营管理是一套整合了人力资源管理与业务运营管理的管理工具，为企业的管理者提供了一套全新的、完整的管理思路与管理方法。

**第四，岗位运营管理是员工的一种工作方式和职业规范。**

员工应该秉持什么样的职业理念和工作方式开展工作，既能成为一名优秀的职业化员工，也能不断地提升和发展自己的能力与职业，这是中国的企业、学校和员工都非常关心的话题。企业都希望找到具有良好职业素养与职业技能的员工，员工也希望自己能够在企业当中获得良好的职业技能与职业发展。不过中国的学校教育更偏重应试教育和专业教育，涉及职业化教育和工作方法培养的内容较少、适用性也不强，所以，当学生从学校走向社会的时候，他们甚至没有最基本的职业理念和工作技能。尽管很多学生或员工希望在企业得到锻炼和学习，但大多数企业在员工的职业技能培训方面也缺乏有效的方法和工具，甚至有相当一部分企业并不愿意为学生和员工的技能培训花费投入，这就导致了中国的员工无论是在学校里还是在企业里都难以获得良好的职业素养和工作技能的学习和培训，造成了中国企业普遍缺乏优秀的或合格的员工。岗位运营管理不仅是企业的岗位管理体系和管理者的管理方法，同时，也是员工履行岗位职责的一种工作方式和职业规范，既有助于员工履行和满足企业的岗位需求，也有益于员工不断提升自身的职业素养与职业技能。

**第五，岗位运营管理有助于促进中国社会的职业化、规范化发展，形成中国社会的职业规范和管理基础。**

岗位运营管理是一种新的管理方法、工作方式和职业规范，岗位运营管理的应用和普及，有利于企业、管理者和员工形成一种对管理与职业的共同的认知和理解。当这种认知和理解被普遍推广和认同时，就形成了全社会性的职业意识和职业规范，由此，有助于推动整个社会的职业化和规范化发展，为中国企业和中国社会的发展奠定良好的职业规范和管理基础。

## 三、本书的读者群体和目标期望

岗位运营管理，虽然是一个基础性的管理概念，但是它对中国企业和中国社会的意义和作用是非常重要的。作为企业的管理创新与管理应用，希望通过本书能够促进中国企业的管理应用与管理研究，促进中国社会培育**“担当使命、创造价值”**的职业理念以及**“系统、专业、规范、高效”**的管理模式与职业规范。

**一是作为企业管理体系的基础，希望得到企业家和决策层的重视。**岗位运营管理虽然是一个基础管理的概念，但是它作为企业运营管理体系的一个部分和企业管理体系的基础，它在企业的应用和实施，需要企业家和决策层的关注。管理是企业战略运营与组织领导的基础，岗位运营管理的体系建设是企业家和决策层在进行战略规划和组织领导过程中，必须要考虑和建立的企业经营管理工作的管理基础。

**二是作为一种管理方法，希望获得企业各级管理人员的关注。**岗位运营管理不只是企业的一项管理工作，它也是融合了企业的人力资源管理和业务运营管理的一套管理方法，为企业的各级管理者通过岗位来实施业务运营管理和人力资源管理提供了一种系统的、全新的管理思路和管理方法，值得企业的各级管理人员借鉴和参考。

**三是作为一种工作方式，希望得到企业员工和求职者的关注。**岗位运营管理虽然从概念上看属于管理的范畴，但在实际执行层面，它体现的也是员工履行岗位职责的一个完整过程，因此，无论是企业员工还是步入社会的求职者，都可以通过学习和运用岗位运营管理来形成自己履行岗位工作、提升职业技能的一种职业理念、工作方式和职业规范。

**四是作为中国社会的一种职业规范和管理基础，希望得到管理学领域专家、学者的关注和指导。**构建一套高效能的工作方法与管理方法，探寻适合中国企业的职业规范与管理基础，跨越中等收入陷阱、迈入高收入国家，这需要形成一种全社会的共同认知与协同发展。如何构建一种被全社会认同和应用的、有助于中国企业和中国社会发展的职业理念和管理基础，需要从企业实践到管理研究上的持续的创新与探索。

希望通过本书，和中国管理的学术界、企业界和全体员工共同研究与探讨关于岗位运营管理的概念和方法，研究与探讨岗位运营管理应用的途径和方式，并以此为基础，**建立企业的岗位运营管理制度，构建管理人员的管理理念与管理方法，培育员工的职业理念与工作技能，构建中国社会的职业规范，奠定中国企业的管理基础，提升企业的管理效率与组织效能，促进中国企业健康有序发展，实现中**

国经济从中等收入向高收入阶段的成功跨越。

## 四、本书的内容与结构

关于本书的内容和写作结构，共分两个部分展开：

第一部分，岗位运营管理的需求与创新，探讨中国企业在管理研究和管理创新上的需求。这一部分共分两章：第一章，探讨中国当前经济发展对管理的需求，以及中国企业管理面临的困难与挑战；第二章，探讨岗位运营管理的创新、概念与功能。

第二部分，岗位运营管理的体系和方法，探讨岗位运营管理的具体内容和实施方法。这一部分共分五章：第三章，介绍岗位运营管理的价值目标管理；第四章，介绍岗位运营管理的职责规范管理；第五章，介绍岗位运营管理的配置胜任管理；第六章，介绍岗位运营管理的沟通执行管理；第七章，介绍岗位运营管理的评价提升管理。

## 五、致歉与感谢

岗位运营管理是一个全新的管理概念，也是一套非常复杂和系统性的工作方式和管理方法。管理本身需要在企业的管理实践和员工的实际工作中不断地应用和创新，是一个不断积累和持续发展的过程。限于作者自身的能力和书刊的篇幅，《岗位运营管理》这本书只能是在管理理念和管理方法上构建一个初步的框架和思维，本书还有很多不足之处和需要不断优化完善的地方，希望能够得到更多的专家、学者、企业家、管理者和广大读者朋友的批评指正。

研究企业理论和管理实践，一直是我努力的方向，占用和花费了我工作和生活中最主要的时间与精力，在此感谢所有关心、支持、理解和帮助过我的亲友。

**陶立生**

2020 年 9 月

# 目　录

# 第一部分

## 岗位运营管理的需求与创新

岗位运营管理是企业经营管理的基础。

# 第一章

# 岗位运营管理的社会需求

## 导言

九层之台起于累土，岗位运营管理是企业运营管理的基础，也是中国企业和中国社会健康发展的基础。

经过四十多年的改革开放，中国企业和中国经济取得了长足的发展，但同时也对企业管理与社会发展的效率和质量提出了新的需求与挑战，这其中最核心的一个挑战，就是对各领域、各岗位工作的系统、专业、规范和高效的管理需求。

**1. 效率驱动与中等收入陷阱**

在市场经济的不同发展阶段，促进经济和企业发展的核心驱动要素不同，当前中国经济正处于中等收入阶段，效率驱动是当前中国经济发展和企业经营突破中等收入陷阱的核心动能。

**2. 管理创新与学不会的精益生产**

中国一直在引进西方发达国家的管理理论与管理方法，特别是来自欧美的管理科学、日本的精益生产和德国的工匠精神等。但尽管如此，西方的管理理论和管理方法在中国并没有形成某种具有普遍性的管理理念和职业行为，中国企业的管理体系和员工的职业行为还处在初始的探索状态，急需管理领域的研究创新与应用普及，形成一种具有社会共识性的管理理念和职业行为，促进中国企业的可持续健康发展。

3. 员工职业规范与组织效能递减

企业或组织是员工群体组合的结果，组织的效率和能力取决于组织的管理机制和员工的职业意识，有效的管理机制和员工职业规范会导向组织效能的递增，无效的管理机制和员工职业行为容易导致组织效能的递减，员工的职业化和组织的管理机制建设影响着中国企业的职业规范与管理基础。

## 一、效率驱动与中等收入陷阱

2020年，中国的国内生产总值已经达到101.59万亿元，人均GDP也达到了7.24万元，折合美元为人均1.05万美元，已达到中等收入水平，这也预示着，中国经济和中国企业正面临一个巨大的新的困难与挑战："中等收入陷阱"。

### （一）什么是"中等收入陷阱"？

2006年，世界银行《东亚经济发展报告》提出了"中等收入陷阱"的概念，其基本含义是指：很少有中等收入的经济体或国家能成功地跻身为高收入国家，这些国家往往陷入了经济增长的停滞期，既无法在人力成本方面与低收入国家竞争，又无法在尖端技术研制方面与富裕国家竞争（见图1—1）。

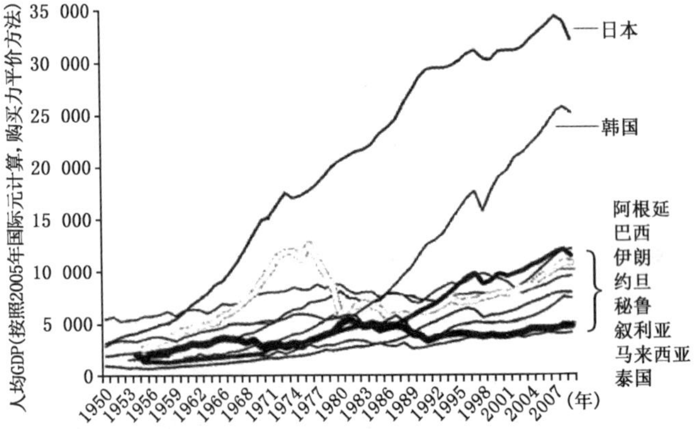


资料来源：世界银行和国务院发展研究中心联合课题组. 2030年的中国：建设现代化和谐有创造力的社会[M]. 北京：中国财政经济出版社，2013.

**图1—1 世行报告：只有少数国家跨过"中等收入陷阱"**

一个经济体或国家从中等收入向高收入迈进的过程中，既不能重复又难以摆脱以往由低收入进入中等收入的发展模式，很容易出现经济增长的停滞和徘徊。进入这个时期，经济快速发展积累的矛盾集中爆发，原有的增长机制和发展模式无法有效应对由此形成的系统性风险，经济增长容易出现大幅波动或陷入停滞。大部分国家则长期在中等收入阶段徘徊，迟迟不能进入高收入国家行列。

国际上公认的成功跨越“中等收入陷阱”的国家和地区有日本、以色列、“亚洲四小龙”等，但就比较大规模的经济体而言，仅有日本和韩国实现了由低收入国家向高收入国家的转换。日本人均国内生产总值在 1972 年接近 3 000 美元，到 1984 年突破 1 万美元。韩国 1987 年超过 3 000 美元，1995 年达到了 11 469 美元，2014 年更是达到了 28 101 美元，进入了发达国家的行列。从中等收入国家跨入高收入国家，日本花了大约 12 年时间，韩国则用了 8 年。

拉美地区和东南亚一些国家则是陷入“中等收入陷阱”的典型代表。一些国家收入水平长期停滞不前，如菲律宾 1980 年人均国内生产总值为 684.6 美元，2014 年仍只有 2 865 美元，考虑到通货膨胀因素，人均收入基本没有太大变化。还有一些国家收入水平虽然在提高，但始终难以缩小与高收入国家的鸿沟，如马来西亚 1980 年人均国内生产总值为 1 812 美元，到 2014 年仅达到 10 804 美元。阿根廷则在 1964 年时人均国内生产总值就超过 1 000 美元，在 20 世纪 90 年代末上升到了 8 000 多美元，但 2002 年又下降到 2 000 多美元，而后又回升到 2014 年的 12 873 美元。拉美地区还有许多类似的国家，虽然经过了二三十年的努力，几经反复，但一直没能跨过 15 000 美元的发达国家的门槛。

### (二)经济增长的阶段

在经济增长理论中，通常把一个国家或经济体的经济增长分为三个阶段：低收入阶段、中等收入阶段和高收入阶段。中等收入阶段又可以分为下中等收入阶段和上中等收入阶段。在市场经济环境下，经济发展的不同阶段，驱动经济增长的动力和要素不同，例如我国的经济增长的阶段及其对应的驱动因素如图 1—2 所示。

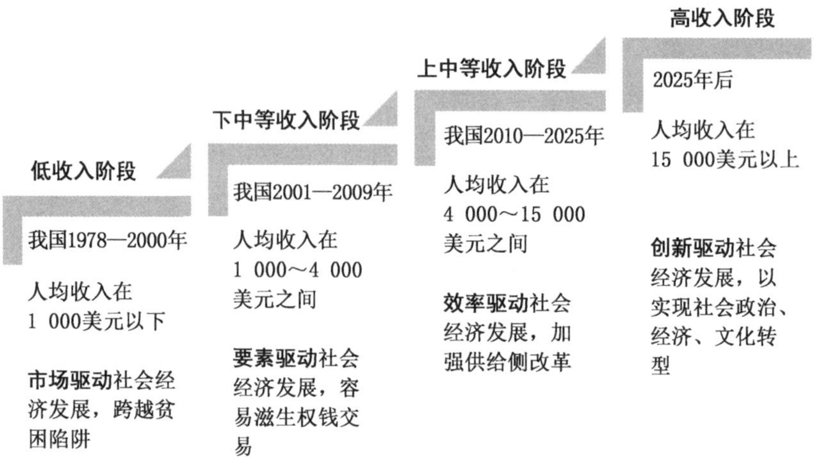


**图 1—2　经济增长与驱动因素**

1. 低收入阶段

一般市场经济发展的初期和起步阶段，属于低收入阶段，人均收入水平大约在 1 000 美元以下。

在低收入阶段，市场从无到有，各种物质比较匮乏，只要有产品，就可能会产生大量的销售。因此，在这一阶段，推动企业和经济发展的核心动力是市场驱动因素，即市场需求带动了产品销售和生产业务的发展。在中国的市场经济发展初期，中国就是一个有着巨大发展潜力和增长空间的空白市场。

在市场经济发展的初期，劳动力供给资源充足，且劳动力的价格低下，劳动力市场处在买方市场，企业的用工成本较低。

不过，这个阶段，消费者的购买力水平也比较低，价格越低的产品越好卖。这也是为什么这一时期假冒伪劣和以次充好的现象较为普遍，在这一时期消费者的质量意识和质量要求不高。

中国的市场经济发展的第一阶段，即低收入阶段从 1978 年开始，一直延续到 2000 年左右。在这一时期，由于劳动用工充足、劳动力成本低，加之市场竞争小、产品质量要求不高，这一时期的企业经营的重心是生产和销售，较少关注人力资源开发与管理等方面的问题。

2. 下中等收入阶段

市场经济发展的第二阶段是下中等收入阶段，这一时期人均收入水平大概在1 000～4 000美元之间。

中国的市场经济发展的第二个阶段是从2000年左右开始到2009年左右结束，只用了十年的时间，人均收入水平就从1 000美元提升到4 000美元。这个阶段，也是中国经济快速增长的阶段，这一时期中国每年的国民生产总值增长幅度都在8%以上，最高的一年达到了14%。

在这一阶段，驱动企业和经济发展的最大动力是劳动力、土地、资金、矿产等各种生产要素。因此，企业最关注的方向是如何获得各种生产要素和商业机会，很多企业甚至为此不惜一切成本和一切手段来获取土地、矿山、资金等生产要素，以及各种投资与商业机会。

3. 上中等收入阶段

上中等收入阶段，人均收入水平大概在4 000～15 000美元之间。从2010年左右开始，中国经济进入到第三个阶段，即上中等收入阶段。

在这一时期，市场的经济环境和企业的经营状况出现以下几种变化：

一是国民经济总量不断增长，通货膨胀增加，各类生产要素成本和价格不断上涨，人员工资水平和劳动力成本也大幅度增长，市场、劳动力和生产要素红利下降或消失，经济增长放缓，中国国内生产总值的增长速度从每年的10%逐步下降到6%左右(见图1—3)。

二是企业的数量在继续增加，单个企业规模不断扩大，劳动力和人才出现严重短缺，社会出现严重的用工荒，很多企业的发展受限于劳动力或人才的不足而增长缓慢。此外，人工成本的上涨也不断增加了企业经营的压力和风险。

三是市场经济结构快速变化，市场由卖方市场转变为买方市场，市场竞争进一步加剧，实体经济和传统商业的盈利能力因为成本的增长、竞争的加剧和消费需求的变化而大幅下滑，而互联网和新技术的兴起，促进了新的商业模式、新能源、新材料等新经济的发展，企业面临转型升级的巨大挑战与压力。

根据经济学的理论和西方社会的发展的经验来看，**在上中等收入阶段，推动经济增长的核心动力是效率驱动。**

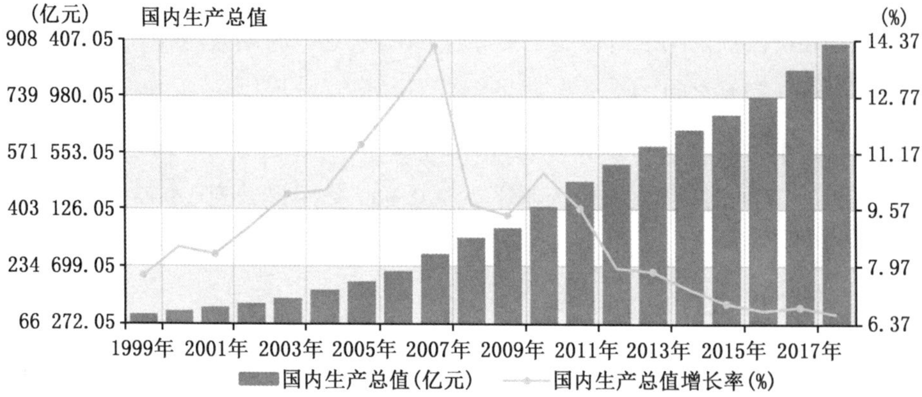


图 1—3 中国国内生产总值增长示意图

**(三)为什么效率增长是企业突破中等收入陷阱的驱动力量?**

在中等收入阶段,劳动力以及各种生产要素成本上升,在生产方式和生产率水平不改变的情况下,必然导致企业成本的增长和盈利能力的下降。

**工资的增长,并不一定带来生产效率的提高,人工成本上升,如果没有效率提升,就意味着出现企业效率的相对递减。**

**土地、矿产等原材料等生产要素价格的提高,如果生产方式没有改变,企业的生产和经营成本上升,企业的市场竞争能力和盈利能力必然会下降。**

近年来,国家提出的供给侧改革,就是从宏观经济角度推动企业的转型升级和创新发展,以此来提升劳动力和及其他各种生产要素的生产效率并优化配置。

自 2015 年以来,中国经济进入了一个新阶段,主要经济指标之间的联动性出现背离,经济增长持续下行与 CPI 持续低位运行,居民收入有所增加而企业利润率下降,消费上升而投资下降,等等。对照经典经济学理论,当前我国出现的这种情况既不是传统意义上的滞胀,也非标准形态的通缩。与此同时,宏观调控层面货币政策持续加大力度而效果不彰,投资拉动上急而下徐,旧经济疲态显露而以“互联网+”为依托的新经济生机勃勃,东北经济危机加重而一些原来缺乏优势的西部省区异军突起……可谓是“几家欢乐几家愁”。简言之,中国经济的结构性分化正趋于明显。为适应这种变化,在正视传统的需求管理还有一定优化提升空间的同时，迫切需要改善供给侧环境、优化供给侧机制，通过改革制度供给，大力激发微观经济主体活力，增强我国经济长期稳定发展的新动力。

供给侧结构性改革旨在调整经济结构，使要素实现最优配置，提升经济增长的质量和数量。需求侧改革主要涉及投资、消费、出口三驾马车，供给侧则涉及劳动力、土地、资本、制度创造、创新等要素。

供给侧结构性改革，就是用增量改革促存量调整，在增加投资过程中优化投资结构、产业结构开源疏流，在经济可持续高速增长的基础上实现经济可持续发展与人民生活水平不断提高；就是优化产权结构，国进民进、政府宏观调控与民间活力相互促进；就是优化投融资结构，促进资源整合，实现资源优化配置与优化再生；就是优化产业结构、提高产业质量，优化产品结构、提升产品质量；就是优化分配结构，实现公平分配，使消费成为生产力；就是优化流通结构，节省交易成本，提高有效经济总量；就是优化消费结构，实现消费品不断升级，不断提高人民生活品质，实现创新—协调—绿色—开放—共享的发展。

2018 年 3 月 5 日，李克强总理在 2018 年《政府工作报告》中将“发展壮大新动能”和“加快制造强国建设”列为供给侧改革任务前两位，加快制造业升级，培育经济新动能。

对于企业来说，效率提升，主要是通过管理创新和技术创新来实现产品升级、生产要素使用效率提高和运营管理效率的提升，来提高企业的运营能力和市场竞争力，保持企业的盈利能力和可持续发展能力，从而突破中等收入阶段成本上升和盈利下降的经济增长陷阱。

华为的任正非曾带队到美国和日本考察，他就提出中国的劳动生产率水平与西方国家的差距问题，华为通过引进 IBM 等欧美国家的管理技术，通过管理创新来促进和支撑华为的技术创新。

中国和欧美及日本之间生产效率的差距还很大，中国企业管理效率提升还有很大的空间，通过管理创新来提升企业的运营管理效率和技术创新能力，已成为推动中国企业生存和发展的迫切需求。**中国经济要走出中等收入陷阱，需要中国企业经营能力和管理效率的提升，只有中国企业整体的管理水平和管理效率的提**

**升，才能推动中国经济的持续增长，提高人均国内生产总值，跨越中等收入陷阱，步入高收入国家。**

## 二、管理创新与学不会的精益生产

如何促进中国企业的管理创新与效率提升？

中国的市场经济是在1978年改革开放之后逐步发展起来的，全面的市场经济是在1992年邓小平南方谈话之后，中国正式确立了社会主义市场经济的政策和理论。

在发展市场经济之前，中国是在结束两千多年的封建统治后，经过了一段时间的公有制与计划经济，中国的社会治理和人文环境虽然在新中国成立之后进行了脱胎换骨的改变，但在中国改革开放之前，并没有市场经济的相关理论和历史文化的基础。

**在市场经济发展的四十年里，中国的管理学和企业管理模式主要是引进、学习和借鉴西方社会的管理理论与管理方法。**在这个过程中出现了一批非常优秀的企业，比如早期的联想、海尔、格力，以及后来的华为、阿里巴巴、腾讯等，它们在企业的经营理念和管理方法上都达到了较高的水平。但大多数中小企业学习和借鉴西方的管理理论和管理方法，是零散的、不完全成功的。这就导致了中国企业的管理水平在整体上看是参差不齐的，不同企业之间的差距很大，除了极少数优秀的企业，大多数企业的管理体系不健全，企业的组织能力和管理水平跟不上业务发展的需要，企业面临各种各样的危机和挑战，可持续发展的能力不强，有相当多的企业存续时间很短。

### 学不会的精益生产与工匠精神

2000年之后，中国的很多企业和管理咨询机构开始引进日本的精益生产模式，国家也在倡导和学习德国的工匠精神。

很多企业到日本和德国参观学习，或者邀请日本和德国的专家到中国来交流指导。但是在日本和德国被普遍应用和推广的精益生产和工匠精神，在中国可能除了极少数企业外，绝大多数企业无法真正地吸收和应用。不仅企业无法实现真正的精益生产，对于员工来说，学习和培养工匠精神也是非常困难的。

其实不仅仅是日本的精益生产和德国的工匠精神，在我们各类管理课程与培训项目中被广泛传播的来自西方的管理理论和管理方法，也很难在中国的企业被系统应用和有效实施。

为什么在美国、日本、德国被普遍推广应用的各种管理理论、精益生产和工匠精神，无法在中国被广泛地应用和推广呢？为什么中国的企业无法实现真正的精益生产，中国的员工也无法接受和培养起真正的工匠精神？

这可能是与中国的社会环境和人文思想的差异密不可分的。

无论是美国的管理理论、日本的精益生产还是德国的工匠精神，这些西方国家的管理思想和管理方法都是在他们自身的历史文化与社会环境土壤中孕育和发展起来的，把它们移植到中国企业与员工身上，很难达到在它们的原生社会上的那种同样的效率和结果，甚至出现各种水土不服与无法存续的现象。

为什么精益生产和工匠精神在中国的土壤上无法达到它们原有的使用效果呢？

结合中国企业的实际情况来考虑，这里面最主要的原因和影响因素可能有两个方面：一个方面是企业的经营理念与管理方法，另一个方面是员工的社会意识与职业态度。

首先，从企业的经营理念和管理方法来看，以丰田的精益生产为例，我们看中国企业在推行精益生产过程中在经营理念与管理方式上与日本丰田的差异：

**一是中国企业重方法，丰田重文化。**

丰田精益生产的经营理念有一个公式：

**企业价值＝战略经营/内部管理**

在丰田看来，内部管理是经营企业的分母，没有内部管理就没有企业，战略经营是在内部管理的基础之上进行决策和判断，经营战略决策是将管理导向更正确的方向和创造更大的价值。因此，企业要建立持续而有效的管理体系以支撑企业的发展，对丰田来说，精益生产是企业内部管理的长期战略和管理模式，而不是为企业的短期利益服务的一种降本增效的措施和手段。

恰恰相反的是，中国企业的经营者，更看重企业的战略决策，内部管理只是实现公司战略的管理手段。对中国企业的经营者来说，内部管理可以随时根据公司经营目标或战略的需要而改变，也就是说，在中国，精益生产只是企业成本和效率管理的手段和方法。如果企业能够快速实施并在短期内就获得成本和效率的成果，那就说明它是有用的，可以继续使用；如果不能在短期见效，就没有使用的价值，就没有继续实施的可能或必要。因此，在中国有很多企业的精益生产的应用或管理咨询项目会很容易被宣告失败或终止。

**二是中国企业重结果，丰田重过程。**

中国企业推行精益生产，都带有普遍的急于求成的倾向。希望精益生产模式能快速建成，企业经营能够快速见效，如果达不到这种目标，就证明精益生产是没有价值的，而不是把精益生产作为企业的一种管理模式和生产方式来加以应用和实施。这与日本和德国企业把精益生产作为一种生产和制造方式来应用是两个完全不同的理念和方法。

丰田的精益生产中有两个重要的理念，其中一个是持续改善：它把精益生产作为企业持续改善的生产方式加以建立和维护，建立精益生产的理念（着眼于长期的思维）、流程（杜绝浪费）、员工和事业伙伴关系（尊重他们、激励他们，使他们成长）、解决问题（持续改善与学习）等四个层面，并不断完善，逐步形成企业的一种生产管理方式，如图 1—4 所示。

而中国的企业则更关心精益生产在企业内部杜绝浪费和持续改善上的短期效果，对精益生产的管理体系建设和它运行机制的完善关注不多。

没有持续完善的管理体系和运行机制，企业的内部管理就无法形成系统、高效的运作模式和运行过程，没有系统、高效的过程管理就无法达成可持续发展的结果，短期的手段只能带来短期的目标或结果，并不一定能够形成长期的机制和效果。

追求短期利益和短期结果，这是中国企业普遍存在的一种思维和冲动，这种理念和行为，很难满足企业建立长期运营管理体系和管理机制的需求，当然也就无法实现企业的长期经营和可持续发展。

**三是中国企业重处罚，丰田重激励。**

丰田的精益生产理念中，另一个非常重要的理念是尊重和激励员工，并促进

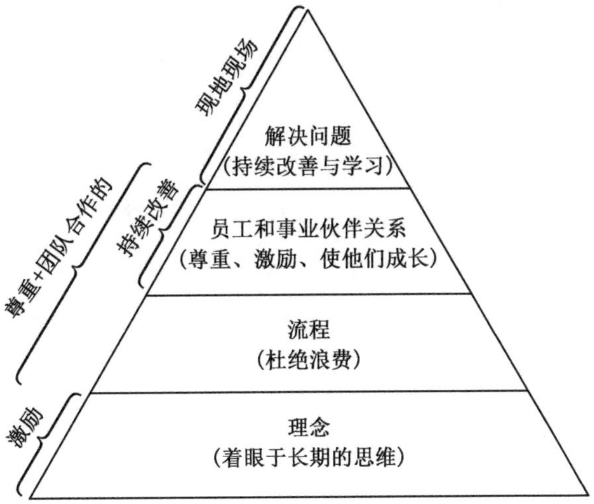


资料来源：（美）杰弗瑞·莱克等. 丰田文化[M]. 北京：机械工业出版社，2016.

**图1—4　丰田模式**

团队合作。

在日本的精益生产方式中，不仅仅有企业经营决策层的重视和长期理念的指导和推动，员工也是实施和推进精益生产和持续改善的最重要力量，并被企业加以关注和重视。

但在中国的企业里，做到尊重员工和激励员工是非常困难的。

例如，中国的企业也会倡导员工提合理化建议，并且制订相关合理化建议的管理制度和激励机制。但几乎很少有企业能够把合理化建议做下去，并且成为企业的一种持续改善的机制，为什么？

在中国的员工看来，提合理化建议是一件既得罪人又难为情的事情，因为在中国的很多企业里，合理化建议的操作过程和激励方式会变成一种形式化的东西，员工提出合理化建议之后的处理过程会产生很多令人不舒服的感觉和感受，甚至会造成得罪人的结果。

当员工发现问题和提交一个合理化建议的时候，绝大多数都会对应到某项工作存在的问题和具有可改善的空间，这时，在企业里首先被讨论或被提及的可能不是合理化建议提交人的激励，而是被发现问题责任人及其管理者的工作质量与胜任能力的问题，也就是说，合理化建议可能带来的是对被发现问题的责任人及其管理者的处罚或问责，这就给提合理化建议的员工带来了心理上的压力和人际关系上的负担。

也就是说，在日本的企业里，合理化建议是一个极其普遍的被员工广泛应用的改善方法，但在中国的企业里就很难推行合理化建议这一改善方式，因为任何一个合理化建议都是对其他员工或管理者问题的揭示和体现，员工不仅很难在合理化建议过程中得到尊重和激励，反而会因为其他员工受到批评和处罚而产生心理负担。

因此，精益生产在中国的企业实施的过程中，往往不是起到激励和持续改善的效果，而是增加了员工的劳动强度和心理压力，从而导致员工甚至管理人员的抵触和消极对待。

正因为上述理念和方法上的差异，就产生了中国的企业在推行和实施精益生产的过程中，出现各种各样的矛盾和障碍，从而造成精益生产在中国企业的实践应用过程中几乎都以失败或失效而告终。

德鲁克说"管理是关于实践的科学"。纵观世界各国，虽然管理作为一门科学有其最基本的、具有普遍规律性的管理理论与管理原则，但同时，管理也是一种基于人的思想和社会活动而形成的特定人文环境下的管理实践，管理的理论和方法也必然具有地域的和时代的特征性，是其特定社会发展进程中的一个部分和特定社会形态的一种体现。如美国的各种管理理论、日本的精益生产、德国的工匠精神等，都是在美国、日本、德国等这些不同国家的人文环境、社会经济和管理实践的基础上发展起来的，是其经济发展与企业实践的历史积累的产物，也是其社会经济与人文环境的一个部分。并且在不同的国家形成了各具特色的管理理念和职业行为，虽然这些经验和成果值得我们学习和借鉴，但无法照搬和套用。

这些年来，中国企业和中国社会学习与借鉴来自美国的各种管理理论、日本的精益生产、德国的工匠精神，就好比是在中国的人文、市场和企业里去移植美国、日本、德国的管理思想和管理技术，这种移植必然会遇到很多的困难和不适应性。这也是为什么我们看到，直至今日，无论我们如何传播和学习美国的各种管理理论、日本的精益生产和德国的工匠精神，无一例外的，在中国的社会、企业、管理者和员工身上都没有形成一种被广泛吸收和普及应用的管理理念与管理模式。

社会科学不同于自然科学，人作为自然与社会的双重存在，社会科学既有自然科学的科学原理，同时，也有人文环境的社群和时代特征。拿西方社会发展历程中形成的西方管理思想和管理技术应用于中国的人文环境和企业实践，很容易产生水土不服，脱离中国的人文环境和社会实践。

**到目前为止，从中国企业的管理实践状态来看，中国企业的管理体系、管理者的管理思想、员工的职业行为是千差万别的，没有形成可以被广泛应用、传播和复制的有益于中国企业整体水平提升的管理理念与管理模式。**

西方国家，管理研究和企业管理实践已经经历了二百多年的积淀，近几十年来，各种管理理论和管理思想更是雨后春笋般蓬勃发展，中国企业要实现在管理效率和市场竞争上的赶超和突破，我们面临在管理研究和管理应用上更大的困难和挑战，需要我们付出更多的努力和追求更有效的创新。

随着市场经济的发展，**管理创新和效率提升已成为中国企业培养核心竞争力、提升盈利能力和保持可持续发展的最重要途径，也是中国经济发展的最迫切需求**。

不过，当前中国企业的管理者对管理的重视，仍然是偏重于管理经验的积累和管理手段的运用，这一现象在一定程度上制约和阻碍了中国企业的管理创新和管理科学的发展。

**把管理建立在管理科学之上，构建“系统、专业、规范、高效”的管理体系与管理方法，这是中国企业的管理者需要培养的一种管理理念和职业素养，也是中国社会需要倡导和传播的管理思想和人文精神。**

中国企业的管理创新与效率提升，需要基于并适应中国人文环境与社会现状的管理研究与创新发展，从管理文化和管理技术上进行系统的创新与实践，以此来促进中国企业和中国社会的发展与进步。

当然，作为一门科学，管理本身有其关于人的基本理论和假设，这类基本理论和假设并不因为东西方地域的区别而产生差异，但管理作为一种社会实践，也有属于时代的和文化的适应性特征。

因此，中国的管理科学的研究，无论是在人的基本理论和假设的科学理论研究上，还是在中国的文化和时代适应性以及东西方文化与经济融合的实用研究上，都需要在学习和借鉴西方管理科学的基础上，开展中国的管理科学的研究和创新，这种管理研究和创新是基于中国的社会发展和企业实践展开的。中国管理研究和管理创新，需要基于中国的历史文化、人文环境、经济发展和企业实践来研究适合并有益于中国企业与中国社会的管理思想、管理模式、管理体系和管理方法。

## 三、员工职业规范与组织效率递减

组织效率，就如同逆水行舟，不进则退。企业是由员工组成的社会组织，员工的职业行为与企业的组织效率之间存在着密切的关系。

**1. 组织效率递减**

法国曾经有一位管理学家做过一个试验，用于测试组织的工作效率问题。

试验的结果，他发现，假如一个人工作时的努力程度为100%的话，两个人在一起工作时，如果没有特别的关注和安排，在不受外界作用影响的情况下，个人的努力程度通常会下降，并且人数越多，个人的努力程度下降得也越多。

由于个人努力程度不同而导致的工作效率下降，在不同的组织或不同的工作之间，会存在较大的差异。但这里，我们不妨做一个假设，假如一个组织或团队每增加一个人，个人的努力程度和工作效率下降10%的话，我们看到的会是下面这组数据：

1人工作时　每个人努力程度是100%，整体工效等于1人；
2人工作时　每个人努力程度是90%，整体工效约合1.8人；
3人工作时　每个人努力程度是80%，整体工效约合2.4人；
4人工作时　每个人努力程度是70%，整体工效约合2.8人；
5人工作时　每个人努力程度是60%，整体工效约合3人。

如果按照上面列出的数据，当4个人共同工作时，实际的工作效率只有2.8

个人的工作水平，5 个人共同工作时，整体工作效率甚至只有相当于 3 个人的工作效率水平，这样就造成了群体工作时的大量的工作效率的损失和人工成本的无效投入。

中国自古也有一句类似的俗语，“一个和尚挑水喝，两个和尚抬水喝，三个和尚没水喝”。如果按照这句话的字面意思解释，两个人的劳动效率就下降了一半，三个人时几乎没有劳动效率。当然，这是一种非常夸张的现象和表述。

我们可以通过图 1—5 看到，组织的人数越多，个体的努力程度即工作效率下降得就越多。如果用正三角形表示组织规模的增加，倒三角形表示个人效率的下降，那么，这个倒三角形看起来就像一个漏斗。在组织规模增加时所产生的员工效率递减的现象，可以用一个词来表达：岗位漏斗现象。

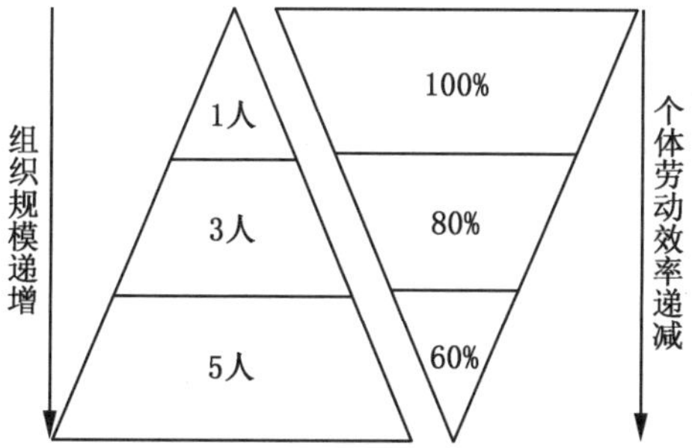


**图 1—5　岗位漏斗与组织效率递减**

岗位漏斗现象虽然不是组织的一种必然现象，但是组织的一种常见现象，也就是说，在没有必要的外部作用和正激励的情况下，组织在自发状态或管理不当时，很容易出现岗位漏斗现象。当然，如果组织有正向的外力作用，也可能不会出现个人劳动效率的下降。

我们知道，所有的组织，在增加人员的时候，都希望达到 1+1>2 的效果，至少也是希望做到 1+1=2 的水平，不希望出现 1+1<2 的现象。

但现实社会中，组织里 1+1<2 的现象是非常普遍的，反而 1+1=2 或 1+1>2 是最难做到的事。

岗位漏斗现象，对组织有什么影响呢？我们借用图 1—7 中的数据，比如，企业为了扩大再生产，把一个小组从 2 个人扩大到 3 个人或者 5 个人时，是按照每个人的标准支付工资成本的，在5个人的组织里，我们支付了5个人的工资，但实际可能只达到了3个人的工作绩效，这样就造成了组织劳动效率的下降和人工成本的大量损失与浪费。

如果这个组织在2个人的时候利润率是10%，当组织增加到5个人时，可能带来的不是利润的增长，反而是利润的下降，甚至因为过度扩张而导致亏损和破产倒闭。事实上，这种因扩张而破产的现象，在中国的企业里是非常普遍的现象。

由此，我们可以看到，对于任何一个组织，都存在一个组织效率的管理和组织能力的提升的问题。

企业不是个体户，任何一个企业和经营主体，除了以个人和家庭为主的个体工商户外，都涉及组织的员工效率的管理工作，这个员工效率的管理工作，既涉及组织的管理机制问题，也涉及员工个体的职业行为。

**2. 员工的职业理念与职业行为**

企业的经营和管理不只是企业或管理者单方面的工作，企业的经营与管理是以员工参与为前提和基础的，没有员工的参与就无法形成企业有效的经营与管理的活动。

前面我们提到中国企业在引进精益生产过程中与日本企业的差异，这种差异，在员工层面也同样存在。去过日本考察精益生产的管理者都有一个普遍的感受，在日本的企业里，员工工作的理念和效率与国内企业的员工存在明显的差别。

中国的员工虽然具有吃苦耐劳的精神，对中国经济和中国企业的发展做出了巨大的贡献，但在职业规范性和工作效率方面，相比于西方发达国家，仍然有较大的改善和提升空间，我们需要进一步关注和促进中国员工职业理念和职业行为的转变与发展。

(1)员工职业理念的转变

改革开放的初期，在计划经济向市场经济过渡的阶段，中国社会的职业理念延续着新中国成立之后所倡导的奉献精神。虽然奉献精神并不一定是社会全员的观念，但这种精神仍然影响了那一代人的职业理念和职业行为。

随着市场经济的全面发展，敬业精神逐步取代奉献精神成为一个时期比较流行的职业理念，很多企业把敬业精神作为企业的员工精神加以宣传和倡导。

不过，敬业精神在中国的传播和推广只是一个短暂的过程，没能成为中国社会普遍认同的职业理念，在企业追求股东利益最大化思想的影响和冲击之下，中国员工的敬业度在市场经济发展的浪潮中出现了明显的下降。

虽然最近几年，中国员工的敬业度有所提升，但我们已经不再把奉献精神和敬业精神作为一种普遍的职业理念和员工精神加以倡导或表述。

近年来，国家和一些企业提倡工匠精神和推行精益生产，不过工匠精神和精益生产方式在员工和企业中的普及程度并不高。

中国在市场经济初期，经济学领域强调企业应追求股东利益最大化，这一市场理论很快转变为企业的经营理念，并被广泛传播和推广。**随着市场经济的不断发展，追求经济利益最大化的思想逐步渗透到各行各业和各个领域，在企业追求股东利益最大化的过程中，员工作为独立的个体也在追求个人利益的最大化，因此中国人的职业理念，逐步转向于追求个人经济利益的最大化和个人的职业发展，员工与企业之间在劳动关系和经济利益上的相对独立，增加了员工在职场上的流动性和消极行为。**

纵观改革开放 40 年，员工职业理念的转变，在不同时代员工的身上形成了不同的反映，20 世纪六七十年代出生的员工更多地保留有很强的敬业精神，到了八九十年代出生的员工则更强调自我的意识和发展，不再把自己的命运捆绑在某一个具体的企业或岗位之上，他们的独立意识和职业流动性的增加，以及受企业的一些经营理念和员工劳动关系政策的影响，使企业与员工之间失去了长期合作的物质基础和精神纽带。

**当员工和企业在彼此之间长期的信任、需求和依赖被逐步弱化之后，奉献精神和敬业精神就逐渐地淡化或消失，不再成为社会主流的职业理念。**

**当企业和员工都在追求各自利益最大化的时候，员工的职业理念和企业的经营理念并不一定会在一个频率上发生和发展，当企业把精益生产和工匠精神作为追求股东利益最大化的工具时，员工并不一定接受和认同，**因此，中国企业在推行精益生产和工匠精神时并不能获得员工的普遍认同和接受。**员工只是以劳动合同的形式与企业发生工作关系，无论是企业还是员工都没有把对方作为彼此之间相互信任、相互合作、共同发展、共享共当的合作伙伴，员工成了劳动力市场和就**

**业市场中流动的个体。没有员工的认同和实施，就没有企业的精益生产和员工的工匠精神的广泛的应用和普及。**

**当奉献精神、敬业精神、工匠精神和精益生产方式，不能成为员工的职业理念和企业的生产方式的时候，中国社会需要探索和寻找可以被员工和企业普遍认同与接受的新的职业理念与管理模式。**

(2)中国的职业教育与员工的工作方式

中国的教育以学历教育为主导，从小学、初中、高中到大学，教育的核心是文化课和专业课。学生在学习阶段，接触的主要是文化知识和专业课程，极少接触到职业化的教育和职业素养的培养。

当学生走向社会成为员工的时候，企业对员工的职业教育和技能培训也非常有限，除外资企业和国内少数优秀的大型企业外，更大多数的中小企业很少能为员工提供系统化的职业教育和职业技能培训。广大的中小企业普遍缺乏优秀的人才和训练有素的职业化员工，这在一定程度上制约了中小企业的发展。

缺乏职业教育和职业技能培训，必然影响员工对职业的理解和工作的认知。在实际工作中我们也发现，相当一部分即将或刚刚进入职场的大学毕业生，对于如何成为一名合格的员工和在企业如何开展工作并没有清晰的认识。不仅如此，那些已经在企业工作多年的员工，也有相当一部分人对于如何成为一名优秀的员工并掌握有效的工作方式，也缺乏足够的认知。

(3)新生代的冲击与影响

随着经济的发展和时代的变迁，新生代的职业意识、职业态度和职业行为更是在发生翻天覆地的变化。

生活条件的改善、互联网的出现和应试教育的延续，已经让新生代的年轻人在成长过程中脱离了劳动和现实生活。一方面，学习成绩好的、优秀的年轻人更加独立自主，成为社会上追求自由独立的精致的自利主义者。另一方面，那些没能考上大学本科的大专、高职、中专、初中毕业的学生，他们中的相当一部分人不仅喜欢沉溺于游戏和网络，而且还脱离社会和劳动，他们的职业意识和职业行为越来越偏离企业和社会的需求。

物质生活和娱乐资源的丰富，使新生代的孩子及青少年不仅脱离了劳动和自然环境，手机、互联网、游戏和消费的盛行，让他们甚至脱离现实生活和传统文化。因此，对于现今和未来的年轻人，从家庭走上社会的道路、从学生转换为员工的这个过程，无论对于员工本人，还是对于用人企业，两者的融合都将会变得越来越困难和曲折。

社会的职业形态正在发生变化，过去，员工不听话就开除员工的行为，将逐步转变成如果领导不听话就辞别领导的现象，对于这样的新生代员工，提倡精益生产和工匠精神，可能会变得越来越难，越来越不可行。

**在市场经济发展的过程中，中国传统的职业理念正在消退，适应和促进企业发展和社会进步的新的职业理念和工作方式还没有形成，目前，中国社会正缺乏并急需一种新的被普遍认同的职业理念和工作方式。**

# 第二章

# 岗位运营管理的概念与创新

## 导言

如何通过管理创新，提升企业的管理效率和组织效能，提高员工的职业规范意识和企业的管理水平，构建符合中国企业和中国社会的企业管理模式？

在中国的企业管理体系中，有一个非常重要的管理环节是被普遍忽略的，这就是关于岗位在企业的经营管理过程中所承担的角色与功能。传统的岗位管理的概念主要是偏重于岗位的设置和岗位编制的管理，在企业的日常运营管理过程中，我们很少以岗位为管理对象进行组织和管理，本章我们将探讨一个新的管理领域和管理概念，这就是岗位运营管理。

**1. 岗位运营管理的概念与内容**

岗位、岗位设置和岗位运营，这是三个层面的概念，本书提出了岗位运营管理的概念和方法，岗位运营管理的内容包括：岗位的价值目标管理、职责规范管理、配置胜任管理、沟通执行管理和评价提升管理。

**2. 岗位运营管理的功能与意义**

岗位运营管理对企业的经营与管理具有几个非常重要的功能，一是推动企业运营管理由组织层级（即公司层级和部门层级。为表述方便，本书将组织层级特指公司层级和部门层级，以与岗位层级相对应）的运营管理下沉到岗位层级的运营管理；二是融合人力资源管理与业务运营管理，构建企业的岗位运营管理体系；三是为管理者提供一种新的管理思路与管理方法；四是为员工提供一套职业规范与工作方式。

岗位运营管理对于中国企业和中国社会的意义在于，一是提升企业的管理效率与组织效能；二是岗位运营管理的应用和普及，有助于培育中国企业的职业规范与管理基础，促进中国社会的职业化和规范化发展。

## 一、岗位运营管理的概念与内容

为什么把岗位运营管理作为中国企业管理创新和效率提升的突破口？

在第一章，我们讨论了中国的经济发展和企业管理面临的三个层面的问题和需求：第一个是通过管理创新和效率提升突破中等收入陷阱，第二个是中国管理研究与企业的管理体系建设和管理模式创新的需求，第三个是组织效率递减问题与员工的职业规范。

在当前中国的经济发展和人文环境下，中国的企业管理如何创新和突破，才能有助于完善企业的管理体系，改进管理者的管理方法，改善员工的工作方式，培育社会的职业规范，提升中国企业的组织效能？

岗位运营管理，是将岗位管理从岗位编制向岗位执行层面的管理延伸和补充完善，也是企业经营管理体系从组织层面向岗位执行层面的延伸和补充完善，是管理者的一套管理思路和管理方法，也是员工的一种工作方式和职业规范。岗位运营管理的应用和推广有助于提升企业的组织效能，培养社会的职业规范，奠定中国企业的管理基础。

### （一）什么是岗位运营管理

本书所研究和探讨的岗位运营管理，不同于我们传统意义上的岗位管理或岗位的编制管理，是指岗位编制设置之后，在企业运营过程中的岗位执行的管理，是指企业的经营管理计划在岗位执行层面的组织与实施，我们称之为岗位运营管理。

#### 1. 岗位及其管理

什么是岗位？

岗位是企业或组织最小的、最基本的组成单元，岗位是组织承担企业经营与管理职责、分解和执行企业经营计划与管理措施的基点，岗位也是员工履行企业经营目标和工作职责的落脚点。

岗位执行是企业经营管理过程中最基础也是非常重要的一环，它是构建人与企业之间工作关系的桥梁，是链接企业内部人与人之间工作关系的纽带，是实现人与事结合的结点。没有岗位，就没有人与企业、人与人以及人与事结合的基础。没有岗位上人与企业的组合，就无法形成企业的有效人员配置和团队建设；没有岗位上人与人的链接，就无法形成组织之间的有效配合与协作；没有岗位上人与事的结合，企业的经营计划与管理措施就无法在员工身上得到有效的落实和执行。

企业是一种组织形态，组织是由岗位组成的，人是在履行岗位的职责，因此，岗位是链接组织与人之间的一个重要纽带。

**岗位的管理，涉及两个方面，一个是岗位的设置和岗位编制的管理，另一个是岗位设置之后的人员配置以及人员在岗期间的运营管理。**

**2. 岗位的设置与编制管理**

如果现在提到岗位管理，大部分人会理解为岗位的设置和编制管理，因为我们是把岗位作为一个名词、作为组织的一个组成单位来定义的，岗位作为组织的组成，对它的管理主要是如何进行岗位的设置和岗位设置后的相关岗位编制的确定。岗位的设置和岗位编制管理，包含岗位的设置方法、岗位编制的配置、职位分析和职位名称的确定等，岗位的设置和编制管理的结果，主要是用于企业的组织架构设计、人力资源的预算管理和员工的招聘配置依据。

**3. 岗位运营管理**

岗位的设置和编制管理，是以如何设置岗位为管理对象的管理范畴和管理概念。

岗位运营管理，不是指岗位的设置和编制管理，而是指岗位设置后，在企业运营过程中，岗位如何执行并发挥其角色与功能的管理过程和管理概念。岗位运营管理结合了企业的业务运营管理和人力资源管理，是指管理者如何组织和引导员工履行岗位职责和执行公司经营计划的管理过程和管理行为，同时也是岗位员工在岗位任职过程中如何履行岗位职责和公司经营计划的工作过程和工作行为。

岗位的设置和编制管理，是人力资源工作的基础，作为人员的招聘配置、薪酬绩效和培训开发等工作的前提条件。岗位运营管理，是企业经营管理工作的基础，是企业的业务管理和人力资源工作在岗位的分解和实施。这两者之间的区别，可以借用人力资源管理人员（HR）常说的一句话来做一个类比说明。

HR在招聘的时候，常常喜欢说，我们公司有一个"坑"，需要找一个"萝卜"。

岗位设置和编制管理的工作主要是指对岗位即"坑"的设置和描述。这项工作的重点，是研究如何设计岗位，如何描述这个岗位，即岗位设计的方法、岗位编制的设定和岗位说明书的编写等。这些工作的内容，基本上是用来描述和说明"坑"是什么，当然，岗位说明书会对适合这个"坑"的"萝卜"有一个基本要求的描述。也就是说，岗位设置和编制管理的工作主要是用于对"坑"的设置进行分析和描述，包括什么样的"萝卜"符合"坑"的要求和标准。

岗位运营管理的概念，重点不是用于描述"坑"是什么，即不是以描述岗位的设置为主要管理对象，而是用于研究和描述如果在"坑"上种植"萝卜"、培育"萝卜"并管理"萝卜"成长的过程。因此，岗位运营管理，是一个运营管理的概念，是企业运营管理在岗位执行层面的具体体现，这一管理概念在我们现有的企业管理理念和管理体系里是没有的、缺失的。

我们可以看到，岗位运营管理与岗位编制管理是两个完全不同的概念。岗位设置和编制管理更偏重于组织设计和人力资源管理，岗位运营管理更偏重于业务与人力资源相结合的企业运营管理。

通常情况下，岗位的设置和编制管理，主要由人力资源部门牵头负责，并组织企业的各个业务部门一起进行岗位的设置和岗位编制与预算的管理，岗位的设置和编制管理，是企业人力资源管理六大模块的前提。企业内部针对岗位设置和岗位编制的管理工作所涉及的相关管理制度主要包括《岗位编制管理办法》和《岗位职级管理办法》等。

**岗位运营管理，是结合了企业的业务管理和人力资源管理的双重管理的内容**

**和工作方法，原则上属于企业的运营管理的范畴，是企业的运营管理部门在组织管理的基础上进一步细化分解到岗位执行层面。当然，如果企业没有独立的运营管理部门，岗位运营管理的职能也可以纳入人力资源部门，作为人力资源部门的一项新的独立的岗位管理职能。同时，岗位运营管理作为一种对岗位执行的管理方法，也是各级管理人员的一套管理方法和管理技术。**

因此，岗位运营管理的核心不是岗位设置和岗位编制的管理与确定，而是发挥岗位在企业运营管理过程中的角色和功能，通过在岗位上实现业务运营与人力资源的有机结合，构建岗位与岗位之间的工作关联和有效运行。

也就是说，对岗位进行管理的重心和它的核心价值，不是我们传统意义上的岗位设置和岗位编制的管理，而是基于企业的经营战略和组织发展而需的人力资源与业务运营相结合的岗位运营管理。

### （二）岗位运营管理的内容

岗位运营管理，是企业经营管理体系的一个部分，是公司级与部门级经营管理计划在岗位执行层面的具体实施，是企业运营管理体系在岗位执行层面的延伸与完善。

岗位运营管理结合了企业的业务运营管理和人力资源管理，是企业的业务运营管理和人力资源管理在岗位执行层面的整合与实施。如图2—1岗位运营管理体系示意图，岗位运营管理由企业的运营管理（关于事的目标与规则）和人力资源管理（关于人的目标与规则）组合为岗位运营执行层面的五项管理体系、标准和规范，分别为：岗位的价值目标管理、职责规范管理、配置胜任管理、沟通执行管理和评价提升管理。

**岗位运营管理在推进和实施五项管理的过程中，倡导和强调五大管理理念：价值导向、规范执行、胜任预先、合作共赢、持续改善，由此输出岗位运营管理的三大目标：业绩、能力和文化。**

#### 1. 价值目标管理

岗位的价值目标管理，主要包括岗位的使命、价值、目标、任务与计划等五个部分。

在企业的管理实践中，目标、任务和工作计划比较容易制订，并且差不多绝大

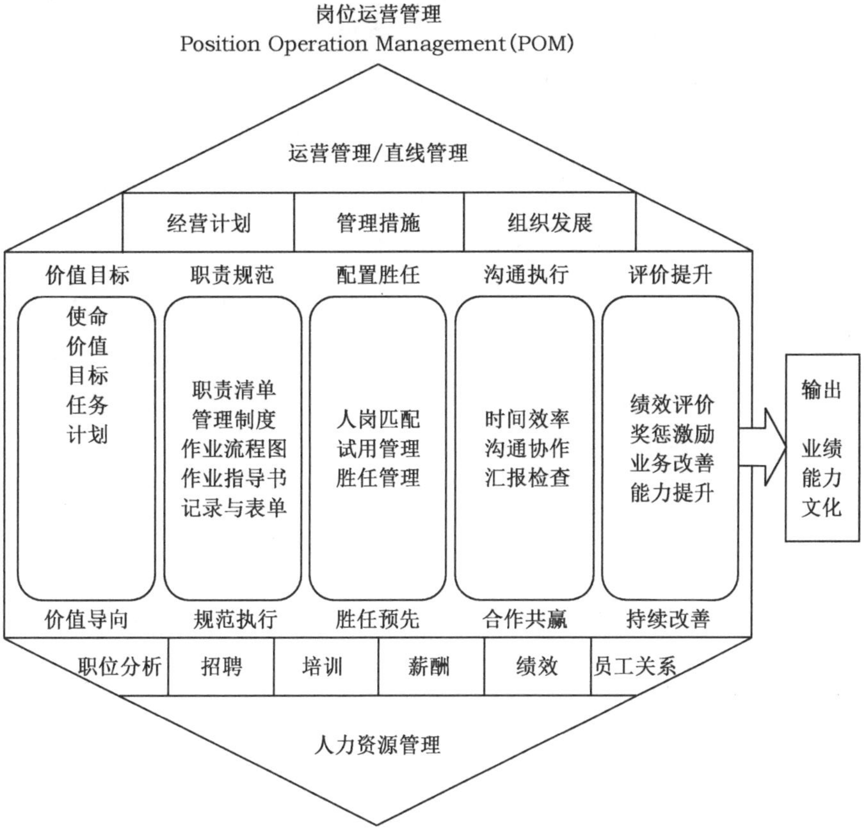


**图 2—1　岗位运营管理模型**

多数企业都会制订年度的或月度的经营目标和工作计划。不过在执行过程中，容易出现两种现象，一是把任务当目标来执行，二是目标和任务偏离岗位的使命和价值，没有发挥岗位在企业或组织中应有的功能。价值目标管理，是要将通行的目标管理导向价值管理，提高岗位员工的使命感和价值创造能力。

**2. 职责规范管理**

岗位的职责规范管理，主要包括岗位职责清单、管理制度、工作流程、作业指导书和记录表单等内容。

这项工作看上去很简单，没有特殊的地方，企业在这方面也会做不少的工作，但在中国的企业里，岗位的职责规范管理执行的效果普遍不理想。员工的职责界定不清和工作差错较多的现象非常普遍，员工的责任意识和工作规范性也比较欠缺。职责规范管理，不仅是要制订各项工作规范，更重要的是培养员工形成规范执行的职业意识和工作习惯。

3. **配置胜任管理**

岗位的配置胜任管理，主要包括人岗匹配、试用期管理和任职管理等工作。

在企业里，岗位的招聘配置和胜任力管理工作的职责界定一直是一个比较模糊的概念。我们知道，通常人员的招聘、配置、培训和试用期管理等工作是由人力资源部门在主导，但在企业的实际运行过程中人力资源部门的工作主要是针对部门来开展的一项职能管理工作，具体到在岗员工的培训、任职和试用期管理，通常是由用人部门来实施的。因此，在企业里，经常会出现人力资源部门和用人部门之间互相指责和推诿的现象。岗位运营管理的一个重要特征是把看上去分属于人力资源部门与用人部门的不同工作重新整合为一项工作，纳入岗位运营管理的范畴。

4. **沟通执行管理**

岗位的沟通执行管理，主要包括时间管理、沟通协作、汇报检查等内容。

无论是员工还是管理人员，在履行岗位的职责和工作任务的时候，都需要有一个系统、标准的工作方式和管理方法。虽然企业里每一个员工和每一个管理者每天都处在工作和管理状态之中，但是沟通执行不力、监督检查不到位的现象普遍存在。岗位运营管理的沟通执行管理力图通过建立规范的沟通执行和监督检查机制，来提升岗位的执行管理效率。

5. **评价提升管理**

岗位的评价提升管理，主要包括绩效评价、奖惩激励、业务改善和能力提升等工作。

评价提升工作，类似于企业的绩效管理和任职管理工作，不过，绩效管理和任职管理在企业里推行起来非常困难，以往这项工作的职责看上去是属于人力资源部门，但执行起来是需要用人部门的配合才能得到有效实施，但是跨部门配合是一件非常困难的事情。岗位运营管理整合了人力资源管理与业务运营管理，将它们转化为岗位运营管理的行为，纳入员工工作职责和管理者的管理行为，来进行系统的组织和安排。

## 二、岗位运营管理的功能与意义

随着经济的发展、竞争的加剧以及中等收入陷阱的出现，管理在企业中的重要程度逐步地凸显出来。近些年来，中国的企业管理的研究和管理体系建设工作，才刚刚起步，在对中国企业发展状态和生存状况的研究中，我们发现，除少数优秀的大型企业外，中国大多数企业的管理基础是比较薄弱的，没有统一的体系和标准，企业的战略规划和组织建设难以落地，企业的经营计划和管理措施无法有效实施，企业的人力资源管理与业务运营管理不能有机结合。这些问题都集中体现在一点，就是企业的经营管理在岗位执行层面的影响和制约，导致企业的业务运营管理与人力资源管理之间脱节、企业的组织战略与员工的个体执行之间脱节。

**提出岗位运营管理的概念和构建岗位运营管理体系，把企业的经营管理工作细化分解为岗位的运营管理工作，把原来分属于不同职能部门所管辖的工作回归整合到岗位本身，形成一个完整的岗位运营管理的概念，这样就给员工和管理者明确了各自的工作规范和标准。员工执行的是岗位的工作，是按岗位运营管理的规范和标准履行岗位职责，管理者的管理工作是将公司的业务运营管理和人力资源管理结合，并对岗位员工在岗期间的工作过程进行系统、规范的组织安排和运营管控。**

岗位运营管理，是中国企业管理创新和管理体系建设中一个极为重要的管理概念、管理模式和管理方法，对于中国企业的规范管理和中国社会的健康发展具有重要的功能与意义。

### （一）岗位运营管理的功能

岗位运营管理是一个全新的管理概念和管理模式，是对企业运营管理体系的补充和完善，岗位运营管理在企业管理中的功能主要有以下四个方面：

#### 1. 将企业的运营管理从组织层面进一步分解下沉到岗位执行层面，构建企业的岗位运营管理体系

通常情况下，企业的经营管理体系主要以公司级的战略规划和经营计划为

主，然后分解到各个部门，形成部门级的工作计划。在大多数企业里，公司的运营管理部门都是以公司和部门作为单位进行组织和管理的。

在传统管理观念里，岗位管理是部门内部的管理工作，是由各级管理人员负责下属机构的业务和人员的管理。但是在现有的管理理念和管理体系中，管理人员应如何开展针对岗位的业务和人员管理，并没有一个统一的、系统的管理规范和管理模式，这就造成了企业内部的不同部门之间，因没有统一的管理规范和管理模式，各级管理人员主要是依赖自身的工作经验和管理思路来开展管理，由此导致企业的不同部门之间在管理方法和管理能力上存在巨大的差异和不均衡性，无法形成统一的标准和一致的结果。

以企业级和部门级为单位的运营管理模式，在没有岗位层级的运营管理作为基础时，容易造成部门内部管理的缺失，导致企业与企业之间、部门与部门之间、岗位与岗位之间管理方法和工作质量的参差不齐，严重影响企业的健康协调发展。

岗位是企业最小的、最基本的组成单元，任何企业和部门的经营管理工作都是以岗位的分解和执行为基础的。

以往，企业的高层关注的重心主要是企业的战略、组织、人才和发展，对岗位层级的管理关注不足，这会严重弱化企业的岗位层级的运营管理和工作质量。

在传统的管理理念中，大多数企业的高层管理人员都把岗位管理视为企业的基础管理，把它归集为人力部门或用人部门的工作职责，这种管理理念会影响和制约企业运营管理体系建设与完善，也影响岗位执行层面的组织与实施。

事实上，无论是企业的高层管理人员还是企业的基层员工，每个人都在承担和履行企业的某个具体岗位的工作职责和经营目标，岗位运营管理不只是对基层员工的管理，也不只是一个基层管理的概念，它涉及上自企业的董事长、总经理的岗位运营管理，下至每一个基层员工的岗位运营管理，因此，在企业的管理体系中，岗位运营管理不是一个基层管理的概念，而是企业组织管理的一个部分，是企业运营管理体系在岗位执行层面的延伸。

**把企业的运营管理从公司和部门层面延伸到岗位执行层面，构建公司级、部门级和岗位级三级运营管理体系（见图 2－2），才能完整地构建和完善企业运营**

管理体系，支撑企业的经营战略和组织发展目标的有效实施和实现。

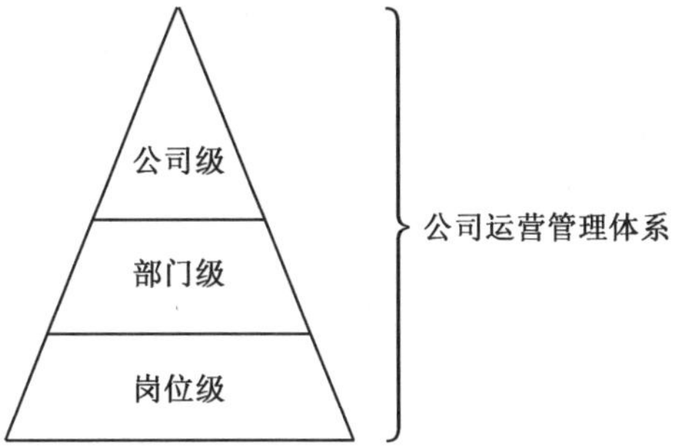


图 2—2　公司三级运营管理体系

2. 实现人力资源管理与业务运营管理的有机结合，构建一种新的管理模式

现行的企业管理模式，人力资源管理部门与运营管理部门是分开的，即便那些没有运营管理部门的企业，人力资源管理部门与业务部门也是独立的机构，这就形成了人力资源管理部门与运营管理部门或业务部门之间在管理职责和管理方式上是相互独立的，原本属于业务部门的一个完整的工作，被分解为业务运营管理和人力资源管理两个方面的工作，并分属于不同的职能部门进行管理和管控。

业务运营管理与人力资源管理在职能分工上的分离，容易给业务部门和职能部门造成一种误解或错觉，就是企业内部的事的管理和人的管理是分开的，业务部门和运营管理部门主要负责对事的管理，人力资源部门主要负责对人的管理，从而导致业务部门和运营管理部门更多地关注和研究事的管理，而不太关注人的工作，人力资源部门则更多地关注和研究人的管理，很少关心人力资源工作对业务的实际功效。这就造成业务运营管理与人力资源管理在两个不同路径上运行和发展，而不是一项完整的工作。

例如，一般的企业都会制订和推行绩效管理，但绩效管理制度在实施的过程中，通常主要是人力资源部门的绩效主管负责，然后组织各个部门来实施，但是对于绩效管理工作，绩效主管干什么、总经理干什么、部门负责人干什么、员工自己干什么，我们很少把绩效管理的相关权责分解到岗位上面，企业的岗位职责等相关规定里也很少去描述该岗位员工在绩效管理这项工作上要履行什么职责，执行什么样的工作事项。因此，绝大部分员工包括许多管理人员都不重视和不接受绩效管理工作，只是把它作为人力资源部门交代的一项任务来应付和安排。这就导致了虽然在公司层面我们都会制订绩效管理的相关制度，但在执行层面很难落实和有效实施，人力资源部门会认为绩效管理的实施是业务部门的事情，而业务部门会认为绩效管理的好坏是人力资源部门的工作，这是导致很多企业的绩效管理最后流于形式、失去真正的功能和价值的重要原因之一。

HR不了解业务，人力资源的工作脱离业务的现象，在企业的管理实践中被发现并引起人们的重视，因此，就有了人力资源管理从传统的六大模块又被变革为三支柱模式，并新增了人力资源业务伙伴（HRBP）的角色。HRBP是为了解决HR不了解和不参与业务而增设的业务伙伴的角色，但即使如此，HRBP解决的也只是人力资源部门与业务部门脱离的问题，并没有解决业务部门与人力资源部门脱离的问题。因此，我们并不能因此认定有的企业推行三支柱模式，增设了HRBP或政委角色，就解决了企业的业务运营管理与人力资源管理相融合的问题，更不能理解为解决了岗位运营管理的问题。

运营管理和人力资源管理是企业在职能管理层面上专业分工的需要，运营管理部门研究事即业务的发展，人力资源部门研究人即人力资源的管理，这就形成了两套完全不同的管理体系，即业务运营管理体系和人力资源管理体系。这样，业务部门原本一体化的业务管理工作就被分解成业务运营管理和人力资源管理两个体系，并分属于不同的职能管控部门。不仅如此，企业里绝大多数业务部门的负责人，他们更擅长和偏重于业务运营管理，容易弱化和忽略人力资源管理，这就造成了企业在岗位执行层面出现了业务运营管理与人力资源管理分离，以及重业务轻人力资源的现象。

融合人力资源管理与业务运营管理，在岗位执行层面构建一体化的岗位运营管理体系，有助于岗位执行层面的完善和优化，构建完整的企业运营管理体系。

**3. 岗位运营管理是一种管理思路和管理方法，有助于管理者改善内部管理**

业务运营通行的管理方式，主要是按计划、组织、领导、控制这几个环节进行组织和实施，并按照 PDCA 循环进行不断的改进和优化。

这些管理概念，只是界定了管理的步骤和过程，并没有界定管理的内容和方法。

中国企业的管理，一般是以管事为主，管人为辅，管人只是为了更好地做事。因此，通常情况下，企业自上而下重点关注的是业务怎么运营和发展，对于人的管理和关注是基于业务的需要来进行组织和安排的。人，很容易变成达成业务目标的工具。

而在实际执行过程中，企业的任何业务工作都是通过人来实现的，以业务为主线、人为辅助的管理理念和管理方法，很容易导致业务本身因为在执行层面得不到人的有效实施，而偏离企业预定的目标和计划。

随着经济的发展、竞争的加剧和社会的进步，人在企业的经营和市场竞争中的角色和地位越来越重要，人才成为企业未来发展和培育核心竞争力的重要基础。但即便如此，企业也很难建立以人为导向的运营管理模式，形成以人为主、业务为辅的管理模式。

对企业的各级管理人员来说，无论是管人理事还是管事理人，在实际管理过程中，都是在有意或无意地把人与事分成了两个不同的对象进行组织和管理，从而导致管理工作变得支离破碎、杂乱无章。

在这里，我们抛开企业的运营管理和人力资源管理等这些职能管理工作不说，就企业的各级管理人员来讲，对企业或部门内部的管理，本质上是以岗位为基础的，企业的各级管理人员无论是针对公司的业务计划还是人力资源工作，都是通过岗位来实施的。因此，对于管理人员来说，需要建立的是岗位管理的概念，通过岗位的运营和执行来落实对人和事的组织与管理。也就是说，真正的管理是对岗位运营的管理，是通过岗位员工如何履行岗位职责的管理，来实现企业的经营与发展目标。

岗位运营管理，不仅仅是企业的基层管理人员的管理工具和管理方法，也是企业各级管理人员的管理工具和管理方法，企业内部，任何一级管理人员都应遵循岗位运营管理的思路和方法对下属机构或岗位进行组织和管理。

因此，岗位运营管理，是企业自上而下各级管理人员的管理方法和管理工具，当企业从高层到基层各级管理人员都遵循岗位运营管理的思路和方法进行内部管理时，企业自上而下以及各个不同的部门就形成了一种规范的、系统的和标准的管理体系和管理方法。

**4. 岗位运营管理是一种工作理念与工作方式，有助于培养员工的职业规范，提升员工的职业技能**

员工入职或进入一个新的岗位，应该怎么开展工作，可以有效提升工作质量和工作技能？

岗位运营管理不仅仅是企业的运营管理体系和管理者的管理方法，同时也是员工的一种工作方式和一套职业规范。岗位运营管理的五项内容是员工在岗位工作的五个步骤，员工的工作不是被动地接受企业的工作指令和管理者的管理监督与考评，而是主动地开展和履行岗位的工作。任何一个员工到了任何一个岗位，都是按照岗位工作的五项内容来开展工作，确定岗位的价值目标、职责规范、胜任能力、沟通执行和评价提升，即便是岗位的评价提升工作，也首先是员工的自我评价和自我提升，而不只是被动地接受管理者的指令和考评。

因此，岗位运营管理可以帮助员工快速地掌握履行岗位职责的工作方法和工作标准，按照岗位运营管理的工作规范和工作要求开展工作，以岗位为基础，履行岗位的工作职责并达成岗位的工作目标，支撑企业经营目标的实现，同时，也可以大大提升员工自身的职业技能和职业规范，培养员工良好的职业意识和职业素养。

### （二）岗位运营管理的意义

岗位运营管理是一个非常重要的管理概念和管理模式，岗位运营管理体系的建设和应用推广，对中国企业和中国社会具有两个非常重要的意义：

**1. 提升中国企业的管理效率与组织能力**

前面我们提到，中国经济正处于中等收入陷阱阶段，中国企业在经历了一个阶段的高速发展之后，正面临新的转型升级的迫切需求。企业的转型升级最重要的途径是通过管理创新和技术创新获得管理效率与服务质量的提升，从而达到高收入国家的管理水平。

岗位运营管理不仅是一个新的管理概念，它在企业中的建设和应用，更是一个系统工程，从企业岗位运营管理体系的建设、管理者管理方法的转变，到员工职业规范的培育，是一个系统的、规范的过程。企业的岗位运营管理的系统应用，对于提升企业整体的管理效率与组织能力具有非常重要的作用。

**2. 重塑员工的职业理念与工作方式，构建中国社会的职业规范与管理基础**

岗位运营管理不仅有助于在企业内部形成统一的管理体系、管理方法和工作方式，提升企业的管理效率和组织能力，推动岗位运营管理在全社会的应用和推广，让更多的企业、管理者和员工理解、认同和接受岗位运营管理概念，构建企业的岗位运营管理体系，应用岗位运营管理的管理思路和工作方式，培育岗位运营管理的职业理念与工作方式，也有助于在中国社会培育和发展一种新的职业理念和管理模式。

从员工的职业理念的角度来看，在中国推行和宣传奉献精神、敬业精神或工匠精神，在短期内是非常困难的。在现有的市场环境和社会理念下，建立基于岗位管理为准则的职业理念和职业规范，可能更具有可行性和可操作性。中国企业的劳动合同管理模式和员工的劳动合同关系，更强调员工在劳动合同存续期间的岗位职责和劳动价值，基于岗位运营管理体系构建的职业理念和职业规范，既符合企业的管理需求，也符合员工的职业定位，在企业与员工之间达成一定程度的管理共识。因此，推行和普及基于岗位运营管理的管理理念与管理模式，有助于培养和形成一种能够被全社会所认同和实施的职业理念与职业规范。

从企业的管理模式来看，中国企业在岗位执行层面缺乏统一的管理模式和管理标准，不同企业之间的管理理念和管理行为差异巨大，在缺乏社会共识的情况下，任何一个企业要构建一套完整的管理体系和管理规范都是非常困难的，需要企业付出长期的、巨大的投入和成本。美国的管理理论、日本的精益生产、德国的工匠精神，都是这些国家在其特定社会环境下形成的一种被普遍应用和长期积淀的管理模式与社会共识，无论是哪一种管理模式和社会共识，只有在其国家范围内形成一种统一的、具有普遍性的认知和共识，才能有助于这个国家整体的经济建设和企业发展。中国经济的发展同样需要一种能被全社会普遍认同的职业理念与管理模式，才能有利于中国企业和中国经济整体水平的发展与提升。

岗位运营管理体系的推广和应用,有利于全社会的企业、管理者和员工形成基于岗位运营管理的认知、理解和共识,促进企业、管理者和员工形成基于岗位运营管理的共同的管理模式和职业规范,从而为中国企业奠定坚实的管理基础,促进中国社会职业化、规范化发展。

# 第二部分

## 岗位运营管理的体系与方法

任何经营问题，本质上都要通过管理来解决。

# 第三章

# 岗位的价值目标管理

## 导言

岗位运营管理的第一大类工作是**定目标**，即岗位的**价值目标管理**（见图 3—1）。

无论是企业的管理者，还是员工，在上岗前或上岗后，首要的任务是确定岗位的使命和价值，明确岗位的运营目标，并通过细化、分解和制订岗位的工作任务与工作计划，促进运营目标的达成和岗位价值的实现。

**1. 核心理念**

岗位的价值目标管理的**核心理念是构建价值导向型的管理理念与工作方式**。

“在知识工作中，关键的问题是：‘任务是什么？’”

这是彼得·德鲁克在他的《21 世纪的管理挑战》中提到的对于知识工作者（在企业里，相当于各类专业技术与职能管理等岗位的员工）来说，最关键的问题不是怎么做，而是做什么（“任务是什么”）。

目标管理是由彼得·德鲁克在 20 世纪 50 年代提出的一项重要的管理思想和管理方法。

目标管理理论和管理方法的出现，对于企业提高管理效率和经营效益具有非常重要的作用。中国的企业也普遍采用目标管理的模式，并把制订和实施年度经

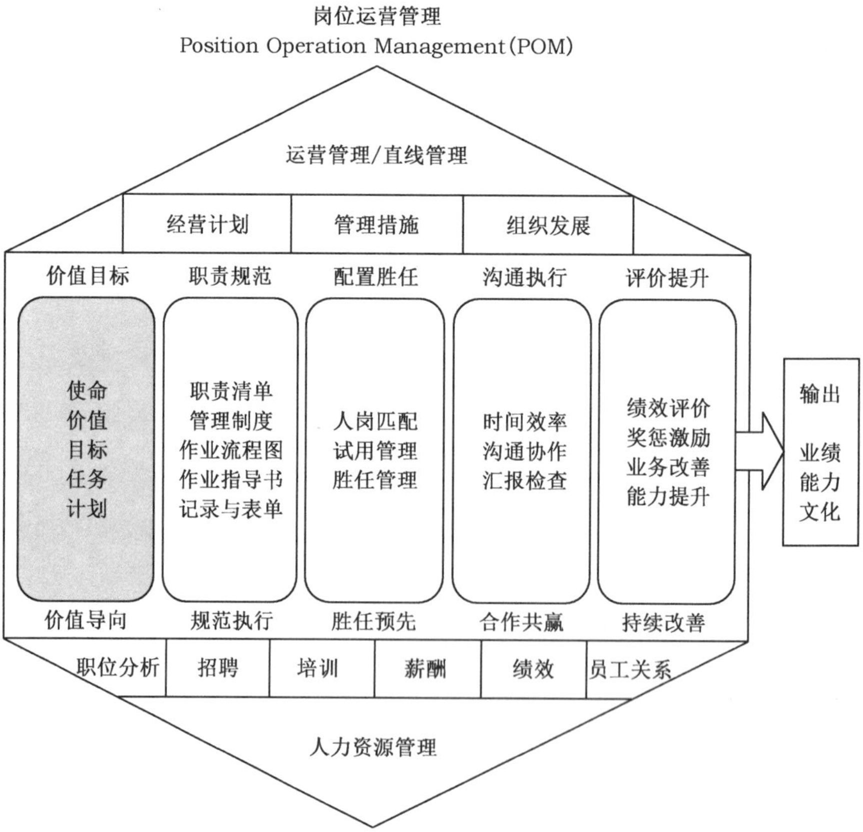


**图 3—1　价值目标管理在岗位运营管理体系中的位置**

营计划和月度工作计划作为企业最重要的运营管理手段。

不过，目标管理和经营计划管理的工作方法在中国企业的实施和实践过程中，容易产生目标导向的两个偏差：

一是**大多数企业的目标管理与经营计划都是一种短期利益导向型的管理模式**。企业偏重于以年度为周期的经营计划和预算管理，追求短期的盈利与利润增长，企业在长期战略的规划和可持续发展方面容易被忽略或失衡。

二是对不容易进行目标量化管理的岗位，例如专业技术和职能专项等岗位，**目标管理很容易演变成任务管理**。在企业内部，很多岗位因为无法确定量化目标，有的会将阶段性的工作任务作为工作目标，**以任务替代目标的工作计划管理**

很容易导致岗位工作偏离企业目标和岗位价值，造成岗位的无效劳动，甚至是负效劳动，形成企业用人成本的极大浪费与运营管理的南辕北辙，影响企业的可持续发展。

建立价值导向型的管理理念和管理方法，是将现有的目标管理和目标导向型的管理理念与管理方法，提升为价值管理和价值导向型的管理理念与管理方法。

一是价值导向型的价值目标管理，既关注企业的短期利益，也兼顾企业的长期价值和可持续发展。

二是价值导向型的价值目标管理，可以推动对每个企业、每个部门和每个岗位的价值认定与价值管理，创造正效价值，避免或消除企业的无效价值和负效价值的活动。

三是引导员工树立正确的职业理念，从关注工作任务转向关注价值创造，最大限度地发挥个人潜能，做出对企业、对客户、对社会和对自身有价值的劳动。

2. 管理内容

岗位的价值目标管理的内容，包括岗位的使命、价值、目标、任务和计划五个方面，岗位的价值目标管理是对现有的目标管理方式的修正，同时也是将企业的经营管理计划在岗位执行层面上的延伸与应用。

# 一、使命

从企业使命到岗位使命，从履行职责到担当使命

岗位价值目标管理的第一项工作是确定岗位的使命。

**（一）岗位的使命**

使命是个体或组织赋予自己的一种责任和信念。

在企业当中，我们通常讲得最多的是企业的使命。

所谓企业使命，是指企业在经济活动和社会发展过程中所担当的角色和责任，企业使命界定了企业在社会上存在的意义与价值。

同样，岗位也有岗位的使命，**岗位的使命是指岗位在企业中的角色和功能，岗位的使命界定了岗位在企业中存在的意义与价值**。

在日常工作过程中，我们通常会强调的员工的使命感和责任感，就是指岗位员工在企业当中承担岗位的角色、履行岗位的职责、发挥岗位的功能、创造岗位的价值和实现岗位目标的一种责任与意识。

在实际的管理过程中，我们现有的管理体系里，企业只会界定岗位的职责，并以此来强调员工要担当的责任，并没有对岗位的使命做具体的阐述，使命一词只是在企业层面使用。

**功能是对岗位作用的一种客观陈述，责任是企业对员工的一种要求，使命则是员工对企业的一种担当。不同的用词在企业的管理当中和员工的精神层面所起的作用不同**。

不同的岗位，在企业当中具有不同的角色与功能，承担不同的使命与责任。例如产品研发、生产制造、市场销售、财务和人力资源等，即便是人力资源当中的招聘、培训、薪酬、绩效和员工关系等岗位所承担的角色、功能、使命与责任也是不

同的。

《岗位运营管理》这本书不仅是从企业角度强调企业管理体系的完善和管理方法的应用，更是从员工的角度倡导员工职业理念的培养和工作方式的改变。**使用使命一词，而不只是陈述性地描述岗位的功能和强调员工的责任，是为了更进一步地突出岗位以及员工在企业当中的角色和担当，激发员工工作的激情与信念。**

因此，本书把确定岗位的使命，作为企业的岗位运营管理的起点，也是作为培养和重塑员工职业意识与工作方式的前提。

**（二）岗位使命的功能**

曾经在《华尔街日报》畅销书榜单中排名第一的《高效能人士的执行4原则》一书中，作者在总结导致企业执行不力的原因时提到："（企业里）只有51%的人表示他们对实现团队的发展目标充满激情，剩下的几乎一半人则是完全随自己心情做事情。"

作者同时提出的另一个调查结果显示："高达81%的受访者表示，自己并不需要为所在部门能否按时达成目标承担责任。部分原因在于，这些目标并没有被分解为具体的行动。87%的人都不清楚要达成目标，自己需要做些什么。"

《高效能人士的执行4原则》作者分析这些调查数据是为了说明制订目标的重要性，当然，它同时也反映了另一个问题，就是员工工作与企业管理之间的关系：员工对履行岗位职责、实现企业的目标，需要承担或分担什么样的角色和任务，既缺乏有效的组织与管理，也缺乏自我的意识与担当。

使命，虽然是一个非常抽象的概念，但它在企业经营管理中，是最核心的理念，决定着一个员工的职业态度、价值取向和工作行为。

**1. 使命，强化岗位的角色与功能**

我们来看图3—2所示的企业的组织架构图。

由于组织规模和分级管理的原因，企业一般只制作和关注公司一级的组织架构图。通常情况下，公司一级的管理人员，大多数是以岗位来表示的，比如，图3—2中的董事长、总经理、副总经理、总经理助理、总工程师等就是岗位。再往

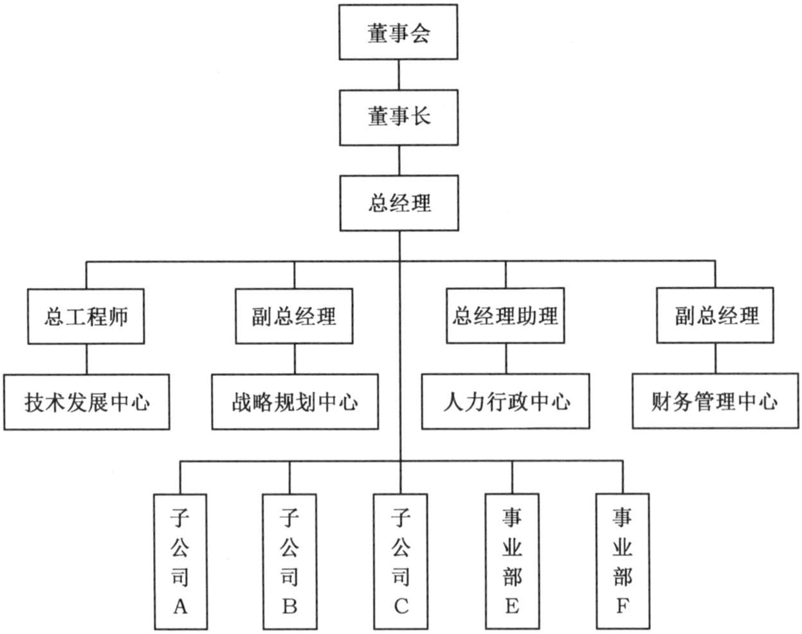


图 3—2　企业的组织架构图

下，也可能是岗位，也可能是部门（组织）。

企业向下的二级部门、三级部门，直到具体岗位的设置，是由各级部门根据自身的管理范围和组织规模来进行设计和管理。

**现有的分级管理（科层制）的组织管理模式，重视组织架构的设计和组织的运营管理，容易忽略岗位的设计和岗位的运营管理**。

通常，组织架构的设计和组织的运营管理是由企业的高层关注并进行决策的，**岗位的设计和岗位的运营管理则是由企业各级管理人员各自进行设置和安排的，组织层级越多，组织向下的岗位管理工作越容易被轻视或忽略**。

在现有的组织管理模式下，容易忽略两个层次的岗位管理工作。

**一是容易忽略高层岗位的岗位运营管理**。高层作为企业的决策层和管理者，他们关注的对象是下级部门或下属员工，在没有岗位运营管理体系的情况下，高层岗位容易忽略对自我的岗位管理。

**二是容易轻视基层岗位的角色定位与岗位运营管理**。基层岗位由于其数量多、重要性低，不容易受到高层的重视，它们被定义和归属为企业中基层管理人员的职责，当没有岗位运营管理体系时，不同管理人员对岗位的角色定位和岗位的运营管理是千差万别、参差不齐的。

事实上，**在企业内部，任何一个岗位都承担着企业的某种角色和职责，具有其不可或缺的重要的功能和价值**。

例如，企业的招聘人员，直接影响着企业人才引进的质量，会计影响着企业的财务核算与资金调用，设计影响着企业的产品性能与品牌，质检影响着企业的产品质量和声誉。而公司的总经理直接决定了企业经营规划和组织发展的可能。

**界定岗位的使命，是明确岗位在企业运营中的角色和功能，赋予岗位员工履行岗位职责的责任感和使命感的一项重要工作**。

在没有岗位使命的定义和管理时，员工对其岗位的角色与功能的重视是不足的，对其岗位的价值和目标的认知是模糊的，对其工作的质量和效率也会缺乏责任感和紧迫性。

例如，企业的培训主管，通常情况下，主要是围绕企业年度培训工作计划，组织和开展各项培训工作，包括年度培训计划和预算的制订，培训课程的开发，企业内外部培训讲师的选用和培养，培训项目的组织与实施，培训总结和培训效果评估等。

这些培训工作是培训岗位组织开展培训的基本内容、流程和职责，这些培训工作完成之后，是否发挥了培训的功能、提高了员工的思想意识和职能技能，达成了公司的经营计划与发展目标，它们之间并不是完全相关的。培训主管往往只关心培训计划有没有完成，并不会认为自己需要对员工的岗位胜任能力和公司的经营目标负责。

**基于岗位职责开展工作，和基于岗位的使命开展工作，是两个完全不同的理念和方式**：

基于岗位的使命开展工作，是要充分发挥岗位的角色和功能，创造岗位价值，促进公司目标的达成。

而基于岗位的职责开展工作，容易让员工产生一种被动地承担岗位职责和工作任务的意识和习惯，从而导致员工的工作偏离岗位的目标与价值。

每一个岗位，都在企业承担着一种角色和功能，履行这些角色和功能，需要我们赋予岗位职责与使命。只有当员工拥有了岗位的责任感和使命感时，员工才会主动地去履行他们的岗位职责、创造岗位价值。

**2. 使命，指引员工的工作方向与价值取向**

岗位虽然是企业最小的组成单元，但岗位和企业是两个既有关联又有区别的完全不同的概念。

**岗位是个体，企业是群体，企业能否成为有效的组织和集体，取决于企业对岗位的有效的组织与管理。**

我们知道，企业开展经营活动和保持可持续发展，需要全体员工的共同努力。如同图 3—3 这张鱼骨图，企业的各个部门和每个岗位都是在为企业的经营发展提供某种劳动和服务。

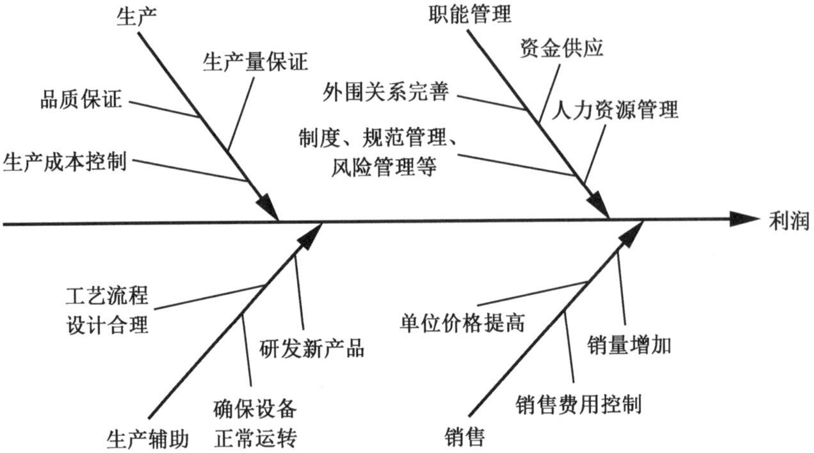


**图 3—3 企业组织功能鱼骨图**

但是，在企业的管理实践中，是不是每一个岗位的员工努力的工作方向都是在导向企业经营与发展的战略目标，并创造企业正向的价值贡献？我们来看图 3—4。

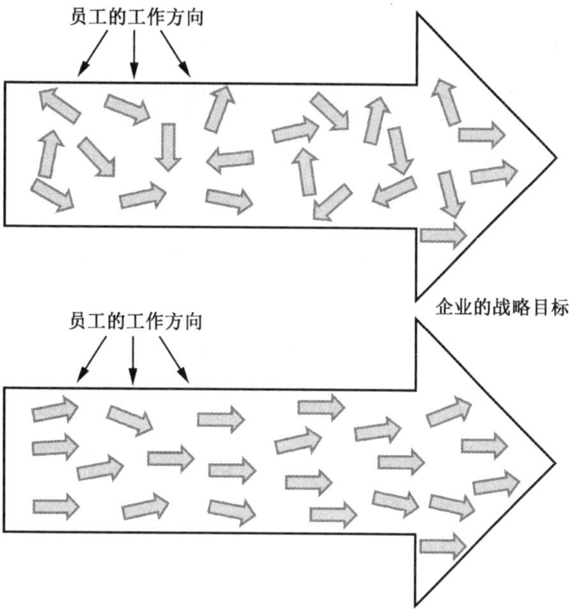


**图 3—4 员工的工作方向和企业战略目标**

在没有岗位使命的引导和有效管理的情况下，员工的工作方向很有可能会偏离企业的战略方向。

**确定岗位的使命，有助于梳理和界定岗位在企业中的角色与功能，指引员工的工作方向和价值取向与企业的战略目标和经营计划保持一致。**

3. **使命，激发员工的信念与工作激情**

企业的各级管理者都非常强调员工要有责任感和责任意识，要认真履行岗位的工作职责和目标任务，但是，真正能够做到尽职尽责的员工是非常有限的。在中国，很多企业主要是通过不断延长劳动时间、增加劳动强度等强制性管理措施，来加强对员工工作的管控，这并不是一种有效的管理方式。

提倡岗位的使命，而不只是强调岗位的责任，这更有利于激发员工的信念与工作激情。

使命与责任，在汉语中的意思虽然相近，但两者之间存在着一定的区别。

责任，是指个体在承担社会角色（如父亲、员工）或组织在承担社会功能时应该去做的事。**责任是外界赋予个体或组织的任务，责任是被动的，个体或组织往**

**往会有逃避责任的冲动和可能。**如子女逃避或不履行赡养老人的义务，员工逃避或不履行工作职责，企业逃税或不履行环保责任等。

**在以责任为主导的管理模式下，任何个体和组织都存在就轻避重、趋利避害的自我功利行为。**

使命，是指个体或组织希望自身成为什么样的人或组织时所要去做的事。**使命更强调组织或人的社会价值与责任，使命是个体或组织主动的、自觉的行动和担当。**

**使命是个体或组织赋予自己的一种责任和信念。使命是在所从事的事业中，升华出来的利他的动机和高尚的精神境界，使命具有一定的社会责任感，是高于个体或组织自身利益的，使命能赋予我们信念、力量和激情，强化我们的责任感、使命感和成就感。**

当年，雷锋精神的出现，不是因为雷锋作为一名军人的责任要求他履行军人的职责，而是他作为新中国的一名军人和社会主义一分子，而拥有的发自内心的责任感和使命感，所以他会践行并写下这样一句话："把有限的生命，投入到无限的为人民服务之中去。"

**企业的使命，就是企业的创始人或企业家，为自己和企业赋予的社会责任。**

例如，微软公司的企业使命为"致力于提供使工作、学习、生活更加方便、丰富的个人电脑软件"，这是微软始终保持着在个人电脑软件领域的创新和领先的内在动力。

而岗位的使命，则是员工在履行岗位职责的过程中，基于岗位角色而担当的一种责任，确定岗位的使命，可以进一步激发员工工作的激情与担当。

### （三）岗位使命的设置

使命，虽然是一个看不见摸不着的概念，但它是企业顶层设计的重要组成部分，也是岗位运营管理的思想基础。

#### 1. 首先要明确谁对制订企业和岗位的使命负责

企业使命在企业经营与发展的过程中具有重要的作用，那么，在企业里，谁应该对制订企业的使命负责呢？

德鲁克认为，制订企业的使命是企业决策者最重要的任务，他说："企业最高管理层的首要职责就是提出这个问题：'我们的事业是什么？'""'我们的事业是什么'是决定企业成败的最重要的问题。"

另外德鲁克对于管理的定义，指出"管理就是界定企业的使命，并激励和组织人力资源去实现这个使命。界定使命是企业家的任务，而激励与组织人力资源是领导力的范畴，二者的结合就是管理"。

德鲁克强调，高管层必须承担建立并维持"人的组织"的责任。一个组织的精神是由高管层所创立的。高管们的行为准则、价值观以及信念为整个组织树立榜样，并决定整个组织的自尊。

无论是企业家还是企业的最高管理层，他们是企业里最具有决策权和权威性的管理者，对企业的发展战略和经营目标负责。因此，**制订企业的使命，是企业家和高管层最为重要的任务，是在推动企业战略发展的过程中，需要优先考虑和关注的重点**。

**企业家和高管层，只有通过为企业制订愿景、使命和正确的价值观，才能真正地为企业指明正确的方向，并不断地激励全体员工砥砺前行**。

同样，**推动和制订岗位的使命，则是企业各级管理人员的职责，包括他们为自己的岗位设定在企业中的角色、功能和使命**。

**2. 梳理和明确企业、岗位、个人三者之间的关系**

企业是社会的组织，岗位是企业最小的组织单元，人是在岗位上履行企业的岗位职责。换句话说，企业是由岗位组成的，岗位的工作是由人履行和实施的。

**(1)企业的使命**

企业的使命是指企业在社会发展和经济活动中所应担当的角色和责任，是指企业的根本性质和存在的理由。企业使命为企业确立了一个经营的基本指导思想、原则、方向和经营哲学。

阿里巴巴的企业使命：让天下没有难做的生意。

华为公司的企业使命：聚焦客户关注的挑战和压力，提供有竞争力的通信解决方案和服务，持续为客户创造最大价值；最低的总体拥有成本(TCO)，更高的工作效率。

对于企业使命的作用和功能，彼得·德鲁克在《管理：使命、责任、实务（使命篇）》中提出：

“只有明确地界定了企业的宗旨和企业的使命，才有可能确定清晰而现实的企业目标。企业的宗旨和使命是确定优先次序、制订战略、编制计划、进行工作安排的基础，是进行管理工作设计，特别是进行管理结构设计的出发点。”

他同时提出“企业遭到挫折和失败的最重要原因，也许就是很少对企业的宗旨和使命给予足够的思考”。

由此，我们可以看到，企业使命界定了企业存在的理由，是企业存在的价值取向和目标定位，指明了公司存在的目的、方向和责任。它包含诸如：“为什么样的客户提供某种产品或服务”，“满足哪些客户的某种需要”或“承担某种社会责任”等。企业使命为企业的战略规划、市场定位、产品研发和企业文化等工作指明了方向。

**(2)岗位的使命**

中国有一个相声《五官争功》，表演的是“鼻子”“耳朵”“嘴巴”“眼睛”互相和“脑袋”争功的故事。如果把“脑袋”比作一个企业或组织，五官就相当于员工，它们虽然都是脑袋的一个成员，共同实现“脑袋”的功能和使命，但它们必须坚守自己岗位，履行各自不同的角色和功能，承担自己的使命与责任。

**也就是说，员工，不仅仅要有企业的使命感，更要有岗位的使命感，没有岗位的使命，就不可能真正实现企业的使命。**

企业有使命，岗位也有使命，岗位的使命汇集在一起才能履行和达成企业的使命。

岗位的使命，是岗位在企业组织中所起的角色和功能，岗位的使命为岗位员工的工作指明了方向和价值取向。

例如，培训岗位，它对企业应具有什么样的功能和使命？培训岗位的使命是

“提升员工胜任能力，促进企业健康发展”。

对于培训岗位来说，如果要提升员工的能力，我们的工作不仅仅是在一系列培训调研的基础上开展一系列的培训活动，还包括不同岗位的胜任力标准，以及不同员工的能力状态，然后根据不同岗位的需要和不同员工的能力状态，以及不同员工学习成长的特点，来组织不同形式、不同内容的培训，从而促进每个员工能力的提升，达到岗位任职资格和胜任力的要求，实现企业的阶段经营计划与管理目标，促进企业核心竞争力培育与组织的可持续发展。

如果没有岗位使命的指引，培训岗位员工通常会把组织和实施培训计划当作工作目标，而不会关注培训对员工和企业的真正作用和功能。

**研究和分解企业的使命到岗位的使命，保持岗位使命与企业使命的相关性与一致性，引导岗位员工的工作方向与价值取向与企业的愿景和目标保持一致，对于贯彻落实企业的使命、愿景、战略目标和经营计划具有重要的作用。**

(3)**员工的使命**

员工个人也会有自己的使命愿景和价值追求，这种使命和追求是贯穿于员工个人全生命周期的，是员工个人对自己人生价值和目标方向的定位与追求。

员工在企业里的角色和使命，是由岗位在企业中的角色和使命决定的，并且员工在履行不同岗位职责时，在企业里所承担的角色和使命是不同的。

因此，**岗位运营管理最首要也是最困难的一项工作，就是让员工个人的使命和价值与企业的岗位相调适，与企业的目标和岗位的需求保持一致性，从而激发员工履行岗位职责和创造岗位价值的积极性和主动性。**

3. **明确岗位的角色与功能，设定岗位的使命**

岗位的使命，来自岗位在企业中的角色与功能，不同的岗位在企业中的角色与功能不同，其承担的使命与责任也必然不同。

在设定具体岗位的使命之前，首先要梳理该岗位的角色与功能。

例如，对于培训岗位，在企业中的角色是负责企业的培训和人才开发的组织与管理工作，培训岗位的功能是通过培训，一方面提高员工的职业技能和提升员工的岗位胜任率，促进岗位员工达成岗位和组织的目标；另一方面是激发员工的潜能，促进员工个人的学习成长与职业发展。

因此培训岗位的使命，是提升员工技能和岗位胜任率，达成企业经营目标，促进组织发展与员工成长。

基于岗位的角色、功能和使命来定义的培训岗位的价值、目标和培训岗位员工的工作内容与培训方式，与现在基于培训体系搭建来设计的培训岗位的工作职责和工作方式有着巨大的区别。

传统的培训岗位员工的职业观念和工作目标，主要是为了完成日常的培训计划和培训项目，至于这些培训计划和培训项目是否达成了员工技能的提升、提高了公司全体员工的岗位胜任力，是否达成了公司的经营计划和发展目标，是否激发了员工自我学习和自我提升的潜能与能力，并不一定会成为培训岗位员工关注的事项。企业虽然对培训岗位的工作绩效有自己的期待和考核，但在实际考核管理上，并不完全按照培训岗位的角色、功能、使命和价值来进行考核，而是按培训的工作计划和任务完成率进行考核。时间长了，不仅培训岗位的员工失去了工作目标和工作绩效，个人的能力也得不到提升，培训对企业的功能和价值也变得可有可无，这也是很多企业虽然重视培训，但又苦于培训效果不佳不愿继续投入的主要原因。

**岗位使命的设置，不仅仅是基层岗位的需要，企业的每一个岗位，包括企业的高层和各级管理人员，同样需要设定岗位的使命。**

**从某种程度上说，企业的使命，可以说，也是企业家或企业的最高决策层赋予自己的责任与使命。**

下面，我们通过杰克·韦尔奇接手和改造美国通用电气公司（GE）的行动，可以看出企业使命与企业最高决策者之间的关系。

韦尔奇执掌通用电气长达20年，公司市值曾经从120亿美元增至4100亿美元，在韦尔奇的领导下，通用电气成为全球市值最高的公司之一，仅次于微软。

1981年4月，杰克·韦尔奇成为通用电气公司历史上最年轻的董事长和首席执行官，那年他45岁。

在他上任之时，这家已经有117年历史的公司，机构臃肿，等级森严，对市场反应迟钝，在全球竞争中正走下坡路。

杰克·韦尔奇上任之后采取了一系列的改革措施。他减少管理层次和冗员，将原来8个层次减到4个层次甚至3个层次，并撤换了部分高层管理人员。他要求每个业务部门都必须是市场上的第一名或第二名，假如做不到，业务主管就必须“整顿、出售或关闭”这些业务。在持续的几年间，他砍掉了25%的企业，削减了10多万份工作，将350个经营单位裁减合并成13个主要的业务部门。

杰克·韦尔奇为通用电气设定的企业使命包括：(1)无边界，快速、远大；(2)以科技及创新改善生活品质，在对顾客、员工、社会与股东的责任之间求取互相依赖的平衡；(3)在我们服务的每一个市场中，要成为数一数二的公司，并且改革公司，拥有小企业一般的活力。

通用电气的这些企业使命，也是杰克·韦尔奇对其自身价值使命的定位和经营理念的实践。经过杰克·韦尔奇一系列管理改革和二十年的持续经营，通用电气从他掌舵之初的销售额250亿美元、盈利15亿美元和市场价值在全美上市公司中仅排名第十，到1999年发展到实现1 110亿美元的销售收入(世界第五)、107亿美元的盈利(全球第一)和市值位居世界第二的公司。

因此，**使命并不是一个虚设的概念，而是企业管理行为的具体的方针和政策，只有能讲清楚企业的使命和岗位的使命，每一位管理者和员工才能真正地履行岗位职责、创造岗位价值。**

**4. 实施岗位功能与使命的动态管理**

岗位运营管理不是一个静态的管理概念，而是一个动态的管理过程。企业的岗位不是固定不变的，是随着企业的发展变化而不断变化的，岗位的角色、功能和使命是在企业经营的过程中不断变化的。

随着市场的竞争和企业的发展，企业的组织架构和岗位设置可能会随时发生变化，因此，企业要实施对岗位的动态管理。

例如：企业的销售，在计划经济体制下，企业没有销售人员，生产材料和产品是按照计划调拨的，只是商店、乡镇企业和个体工商户有售货员，售货员的主要职责就是把货卖出去，或有人来购物时介绍和办理相关售卖运作。在市场经济初期，企业有了专门的销售人员，销售人员的主要职责是到市场上寻找客户，然后把商品卖出去。现在，销售人员寻找客户和销售产品已经变得越来越困难了，随着市场竞争和市场营销学的出现，销售人员已经转变为营销人员，营销人员的工作不仅是寻找客户销售商品，还包括收集政府、客户、竞争对手等市场的信息，研究消费心理和销售政策，规划和设计产品品牌，提升企业的品牌和市场占有率等一系列动作。

因此，不同时期和不同的企业，其销售岗位的角色、功能、使命不同。

再如，HR 岗位的工作，传统的人力资源部门，是按照人力资源规划、招聘、培训、薪酬、绩效和员工关系六大模块来设计内部的分工和岗位的。随着企业规模的扩大和人力资本管理模式的应用，一些大型企业已经从传统的人力资源管理模式演化调整为三支柱管理模式，人力资源部门的分工和岗位设置，不再是按照六大模块来划分，而是按照人力资源的专业技术研发中心、人力资源事务的共享中心和 HRBP 三大业务类型和人力资源功能来划分。

传统人力资源模式下的绩效岗位与三支柱模式下的绩效专家和 HRBP 的绩效管理，其角色、功能和使命都发生了根本性的转变。

当然，上面提到的岗位的动态管理，主要是随着时间的推移和管理技术进步所引起的岗位性质变化所产生的岗位的角色、功能和使命的变化。

除此之外，在企业内部，随着企业的组织规模、发展战略和业务内容的变化，也会随时随地引起企业组织架构的调整或组织架构不变情况下的岗位的角色、功能和使命的变化。

**企业需要根据经营和管理的需要，从岗位的角色、功能和使命开始，保持对岗位的动态的运营管理工作。**

**5. 上下同欲，激发员工认同，达成组织的共识与协同**

员工的执行力，除了来自组织管理层面的需求和压力，也受到员工内在的价值驱动和精神指引，岗位使命可以激发员工的社会责任意识和自我价值实现的激情，从而激发员工的工作意愿和精神动力，凝聚企业的团队精神和协作意识，提升团队和员工的执行力。

激发员工的激情和提升员工的执行力，需要在正确地认识和处理企业、岗位和员工三者之间关系的基础上，努力促进企业、岗位和员工三者之间在价值观念与角色使命上尽可能一致，以岗位为纽带，达成企业与员工之间、员工与员工之间的共识,形成企业与员工之间、员工与员工之间的协同。

只有企业上下同欲和组织协同,才能不断激发员工的潜能和企业的合力,促进企业的健康、可持续发展。

# 二、价值

建立岗位价值指标体系，推动组织从目标管理到价值创造

岗位价值目标管理的第二项工作是定义岗位的价值。

**（一）岗位的价值**

岗位价值，是岗位员工在承担岗位的角色和履行岗位的职责过程中，对企业的生存和发展所产生的可以评估和衡量的工作成果。

价值存在正价值、零价值和负价值三种状态，价值的本意是指有用的或有意义的成果，但现实生活中也存在无意义的、无用的甚至是负面的结果。

**岗位的价值，也会存在正面的、积极的、有用的价值，也可能会出现负面的、消极的、有害的影响。**

例如，企业在招聘过程中，同样是招聘分公司的负责人，当招聘到合适的或优秀经理人时，可以让一个分公司的业务就此发展起来，这样的招聘工作结果是对企业的正面的价值贡献；当招聘到了不合适的或不胜任的经理人时，可能会导致一个分公司的业务亏损或被迫终止，这样的招聘工作的结果就会对企业产生负面的价值影响。

这种因招聘而产生的企业经营结果和岗位价值实现程度上的差异，在每个企业都非常普遍。

**企业的价值是由企业里所有岗位员工所创造的岗位价值汇集的结果，如果实际工作结果所产生的岗位价值存在正效的、无效的和负效的价值，那么，对于岗位价值的管理就显得特别重要了。**

**（二）岗位价值管理的功能**

岗位价值，是企业价值的基础，推行岗位价值管理，有利于构建企业的价值评

估和目标管理体系，提高岗位价值的创造能力，促进企业价值的创造和可持续发展。

**1. 岗位价值管理，有助于构建和完善岗位的目标管理与绩效评价**

做过管理或 HR 的人，可能都会有一个共同的感受，就是在企业里制订目标并进行绩效考核，是最困难、最头痛的一件事情。最大的困难是不知道如何设置和设计目标和绩效指标是最有效的、最恰当的。

出现这种现象的原因，是因为我们目前没有价值评估和价值管理体系。企业没有价值评估的概念和体系，岗位也没有价值评估的概念和方法。

岗位价值评估体系和岗位价值管理，是企业价值评估体系和企业价值管理在岗位层面的分解和落实，由于本书主要研究岗位的运营管理，关于企业的价值评价和管理，这里不做讨论。

建立岗位价值指标和评估体系是岗位的目标管理和绩效评价的基础。一是价值评估的指标体系，更接近于组织发展所需要的科学合理的指标类别，为目标管理和绩效评价的指标类别的选择提供了主要来源。二是目标管理和绩效评价是为价值管理服务的，目标是价值管理在某个具体阶段的量化指标，不断达成和实现的阶段性目标，促进了岗位价值和企业价值的实现。因此，目标管理是管理的手段，不是管理的目标，价值实现才是管理的目标，基于岗位价值实现为基础的目标管理和绩效评价，才能提高目标管理和绩效评价的有效性，将岗位运营管理工作导向岗位的目标与价值的实现。

**2. 创造正效的岗位价值，消减或避免产生无效的或负效的岗位价值**

企业的价值是由企业全部岗位员工创造的岗位价值的集合，如果用一个公式来表示企业价值与岗位价值之间的关系，我们可以看到：

**企业价值＝$\sum$正效岗位价值－$\sum$负效岗位价值**

前面说了，岗位价值是员工在履行岗位的使命和职责时所产生的作用和工作成果，并且这种作用和工作成果可能是正效果的，也可能是无效果的或负效果的。

我们把岗位员工的有效劳动为企业的生存和发展产生的增值功能，即**岗位效益大于岗位投入产生的正效果的岗位价值称为正效岗位价值**。正效岗位价值对企业产生的功能是增值的、正面的、有效的、积极的。

岗位员工的无效劳动或有害的工作行为会对企业的生存与发展造成减值影响，即**岗位效益小于岗位投入而产生的负效果的岗位价值称为负效岗位价值**。负效岗位价值对企业产生的功能是减值的、负面的、负效的、消极的。

**当岗位员工的劳动所创造的岗位效益等于岗位投入时，既不增值也没有减值，我们称为无效岗位价值。**

岗位运营管理的意义和任务，就是要研究和促进企业的每个岗位如何为企业创造正效的岗位价值，尽量消减或避免产生无效的甚至是有害的负效岗位价值，以保障企业健康、有序地发展。

企业的各个岗位，就如同人体的各个器官，每一个器官都发挥着其应有的功能，当某些器官不发挥功能时，就会产生人体功能的障碍。比如眼睛，不发挥功能，产生了视觉障碍，当视觉消失时，人就成了盲人。当然，盲人作为残疾人，还是具备和可以维系人的生命存在的。如果是人的心脏出了问题，心脏停止了工作，失去了供血功能，这个时候人的生命就无法存续和存在了。

企业的各个岗位，虽然不如人体的各个器官那样对人体的功能和人的生命产生巨大的直接的影响，但由各岗位累积起来的部门的功能和价值，对企业的影响就是深远的。当企业的一个部门的大部分岗位失去功能和价值时，这个部门就可能给企业的生存和发展造成极其严重的影响，如研发、生产、营销、人力资源、财务等任何一个部门的功能缺失或价值损失，对企业的影响都是深远的、致命的。当然，不同部门中存在大量无效劳动或负效劳动，对企业的整体价值创造和企业的生存发展也是会产生严重影响的。

因此，本质上来说，**岗位价值的管理，是企业经营管理过程中最核心的工作，是改善和提升岗位运营质量和企业经营绩效的重要的途径与方法。**

**3. 岗位价值管理，有助于推动和调动岗位员工的积极性和主动性，促进企业的全员动力管理**

高铁之所以能跑得快，其与普通火车的最大区别，主要是因为高铁的每一节车厢都配备有动力装置，每一节车厢都具有动力加速度的能力，而普通火车只是车头具有动力装置，车厢没有动力装置，一节火车头要带几节甚至十几节车厢，其动力必然是有限的。如果普通火车的火车头失去了动力，那么整列火车，就有可能失去方向和运动的能力。

**岗位价值管理，赋予了岗位员工以价值评估体系和自我价值管理导向，每一个岗位的员工都是一个独立的价值创造与价值评估的主体，并且自己要对自身的岗位价值负责，这样就激发了岗位员工工作的主动性、积极性和能动性。**

稻盛和夫创办的阿米巴经营模式，本质上就是企业的价值创造与价值评估，分解到每一个小的绩效单元，阿米巴的核心理念，就是要让每一个小的绩效单元和每一个员工都能成为企业价值的创造者和企业的老板。

岗位价值管理，将企业的价值创造和价值评估细化分解到企业的每一个最小单元，有助于企业实施更精细化的目标管理和全员化的价值创造，促进企业的全动力运营。

**（三）构建岗位的价值管理**

岗位价值管理贯穿于岗位运营管理的全过程。以往，企业采取的主要是目标管理模式，但目标管理在企业的实践应用过程中，存在极大的局限性，往往无法满足企业管理的需要。经济和社会发展需要企业的管理理念和管理方法不断地创新和发展，推行价值管理是企业管理提升和管理创新的一种重要路径与方法。

**1. 从目标管理到价值创造**

目标管理是手段，不是企业经营管理的目标，目标管理对于提升企业的绩效管理虽然具有一定的帮助和推动作用，但目标管理的局限性容易将企业的经营管理导向任务管理和短期行为。

价值创造是企业管理的目标，企业管理需要将目标管理提升到价值管理层面，通过价值管理促进企业经营目标的实现和长期的价值创造，从而推动和支持企业可持续发展。

**2. 岗位价值的设定与评估**

岗位价值管理的重点和难点是进行岗位价值指标的设定和评估。

**(1)岗位价值的设定**

在企业内部，不同岗位承担着不同的角色、功能和使命，并创造着不同的岗位价值，如研发、生产、营销、人力资源、财务、运营等不同部门、不同岗位的功能和使命是不同的。

如何设定岗位的价值?

**所谓价值，是指客体对主体的意义，在市场经济社会，与企业利益相关的主体除股东之外还有客户、员工、供应商或合作伙伴、社会组织及其他社会成员等。**

岗位的价值，是指岗位在承担和创造企业的生存与发展职责时所发挥的功能和产生的经营结果，这种功能和结果，不只是以盈利即创造股东价值为唯一目标，创造利润只是岗位价值的一个方面，企业的岗位价值还包含并不限于以下几个方面的内容：

一是创新和开发提高人类生活品质的产品与服务，包括社会公共产品的开发和创新；

二是开发和创造客户，提高客户满意度和市场占有率；

三是促进员工的学习成长与职业发展；

四是创造利润和股东价值；

五是构建企业的价值链与技术创新，培育企业的核心竞争力，提升企业的组织效能，促进企业可持续健康发展；

六是有益于社会的融合、进步与发展。

归纳起来看，岗位价值的指标体系可以围绕企业价值的指标体系进行归纳和提炼，具体指标类别及其主体关系，可见表 3—1。

**表 3—1　　岗位价值的指标体系**

| 主体 | 功能 | 价值 |
| --- | --- | --- |
| 客户 | 开发和满足客户的需求 | 客户开发<br>客户满意度<br>客户价值 |
| 员工 | 促进员工的学习与成长 | 员工胜任能力<br>员工满意度<br>员工职业发展 |
| 股东 | 创造股东价值 | 利润<br>现金流<br>投资收益率 |

续表

| 主体 | 功能 | 价值 |
|---|---|---|
| 企业组织 | 创新和开发产品与服务<br>维护组织的生存与发展 | 产品/服务价值<br>品牌价值<br>组织能力<br>创新能力<br>技术开发<br>劳动生产率<br>成本控制<br>企业文化 |
| 社会 | 有益于社会进步与发展 | 合规性<br>供应链<br>环境友好<br>社会责任<br>社会福利 |

在进行岗位价值的具体设定过程中，可以参考上述岗位价值的指标体系，结合企业的实践需要进行设定和优化完善。

**(2)岗位价值的测量和评估**

将岗位价值转化为可测量和评估的量化指标，是岗位价值评估与测量的基础。虽然，有些价值在现有的认知能力和技术水平下并不一定能做到清晰准确的测量和评估，但在企业的实践过程中，企业需要不断地研究和探索衡量岗位价值的指标和测量方法，以便于对岗位的价值进行公平公正的评估与评价。就现有的管理技术和管理水平来看，岗位价值的测量和评估可分为三类：

第一类，是可以直接进行量化的价值指标，如营业收入、利润、市场占有率等。

第二类，是可以进行相对量化评估和测量的价值指标，如客户满意度、员工敬业度、员工胜任率、品牌价值等。

第三类，是目前的管理技术和管理水平还难以测量和评估的价值指标，如创新能力、组织能力、合规性、社会职责等。

尽管当前我们对企业价值和岗位价值的指标的设定和评估还不能做到系统、科学和精确地设定和评估，但企业价值和岗位价值的指标的设定和评估对于改善企业的经营质量和提高岗位的价值创造能力具有非常重要的作用。因此，我们需要结合企业的实践，持续不断地推进岗位价值的管理和应用，不断优化和完善企业的岗位价值管理体系。

**3. 建立岗位价值的管理机制，激励和强化员工的价值创造**

岗位价值指标的设定指明了员工的工作方向，岗位价值的评估则确定了岗位员工的工作成效，因此，明确的岗位价值管理是激励和强化员工的价值创造的重要的途径和方法。

针对企业的岗位价值的管理机制建设，我们需要结合岗位使命和岗位价值指标的设定，做好下述几方面的工作：

一是明确岗位的使命。岗位的价值来源于岗位在企业组织体系中的角色和使命，是岗位对企业所起的功能和作用。明确岗位的使命，是对岗位在企业中的角色和功能的定义与定位。

二是细化岗位的工作职责，岗位的工作职责是梳理和确定岗位价值的基础。关于岗位职责的梳理，我们将在第四章的“职责清单”部分进行详细的介绍。

三是确认岗位的价值，构建岗位价值的评估与评价指标体系，这是岗位价值管理的基础。

四是将岗位的价值评估指标体系纳入岗位运营目标与绩效评价管理体系，并定期开展岗位价值的评估与评价。

五是将岗位价值评估的结果，应用于岗位运营管理的改善和岗位员工奖惩激励与学习成长。

**企业要实现上下同欲，引导和激发员工的价值创造与潜能开发，就需要将员工的岗位价值创造与企业的价值创造进行密切的关联，建立有激励性和约束性的价值创造与价值分享机制，将员工投入和回报与岗位的价值创造保持一致。**

由于员工工作所创造的岗位价值，可能是正效价值也可能是无效价值或负效价值，因此**企业的激励与约束机制，需要真正地实现奖励员工的正效价值劳动，减少员工的无效价值劳动，努力消除员工的负效价值劳动。**

# 三、目标

细化岗位的运营目标，建立价值导向型目标管理机制

岗位价值目标管理的第三项工作是制订岗位的运营目标。

**(一)岗位的运营目标**

目标管理是管理学家彼得·德鲁克在1954年出版的《管理的实践》这本书中最早提出来的。德鲁克认为，并不是有了工作才有目标，而是相反，有了目标才能确定每个人的工作。所以"公司的使命和任务，必须转化为目标"，如果一个领域没有目标，这个领域的工作必然被忽视。因此管理者应该通过目标对下级进行管理，当组织最高层管理者确定了组织目标后，必须对其进行有效分解，转变成各个部门以及各个岗位的分目标，管理者根据分目标的完成情况对下级进行考核、评价和奖惩。

目标管理是在第二次世界大战后西方经济由恢复转向迅速发展的时期提出来的，这个时期企业急需采取新的方法来调动员工的积极性和提高企业的竞争能力，目标管理的出现可谓应运而生，迅速在美国流传和应用，并很快被日本、欧洲国家的企业学习和推广。

按照目标管理的要求，目标的制订必须符合SMART(specific，measurable，attainable，relevant，time-bound)原则，是指在一个时间段内、可实现的、具有一定挑战的、具体且可衡量的指标。

**岗位的运营目标是岗位所分解和承担的企业或部门的经营计划与管理目标，是指能够创造和达成岗位价值的一组可衡量的经营与管理指标值，是岗位价值在某一个时间段上所期望达到的某组数值或状态。**例如：销量、利润、市场占有率、客户满意度、员工胜任率、投资收益率等这些量化指标在某个阶段所期望达到的

值。

### (二)岗位运营目标管理的功能

目标管理,是企业经营管理和岗位价值创造的管理手段,岗位的运营目标管理具有以下几个方面的作用:

#### 1. 优化和完善企业的目标管理体系,分解和落实企业的经营目标

**一是补充和完善企业的目标指标体系。**以往,大多数企业的经营目标,主要是营业收入和利润等体现“股东利润最大化”的股东价值指标,基于岗位价值体系分解的岗位运营目标,除股东价值指标外,还包括客户价值、员工价值、企业价值、社会价值等目标指标,从而优化和完善企业的目标指标体系,有助于企业更全面、健康、协调发展。

**二是推进企业经营目标在企业内部的分解和贯彻实施。**以往企业主要是制订公司和部门级的经营计划和管理目标,在经营计划制订和逐级分解的过程中,经营目标被逐步分解和演化成了各级部门的工作任务和工作计划,分解的层级越多,岗位的工作任务和工作计划偏离企业经营目标的可能性就越大。基于岗位价值体系的运营目标管理,要求企业将经营计划与管理目标按照岗位价值体系进行岗位运营目标的分解,以保持岗位运营目标与企业经营目标的一致性,避免了在目标分解过程中岗位目标的设计偏离了岗位价值和企业目标。

#### 2. 强化目标管理,提升岗位价值

企业的经营目标逐级分解到每一个具体的岗位,成为岗位的运营目标和岗位价值衡量的标准,通过强化岗位的目标管理,避免岗位目标偏离企业的目标和岗位价值,从而有效维护和提升岗位价值的实现。

#### 3. 有助于企业绩效管理工作的落实和改善

在以往的目标管理模式下,很多企业在进行绩效考核指标设计的过程中,找不到合适的体现企业岗位价值的指标,很容易把分解到岗位的工作任务作为考核的对象。在这种情况下,一是这些工作任务提炼指标比较困难,二是这些工作任务无论完成得好坏,对企业经营目标的影响很小,这样就可能造成绩效管理的效果不明显,甚至造成绩效管理流于形式。例如,培训岗位考核培训工作计划完成率或培训学时完成率,这与员工的工作成果和企业的经营目标并不存在必然的一

致性。

围绕企业的经营目标和岗位价值进行的岗位运营目标的分解，为岗位的绩效考核提供了更符合岗位价值的绩效指标，同时，也提高了任务分解的准确性以及与企业经营目标之间的关联性，从而有助于提高绩效管理的质量。

**(三)如何实施岗位的运营目标管理**

岗位运营目标的管理，是落实企业经营计划、创造岗位价值，以及实施绩效管理的基础，也是岗位运营管理的基础，没有目标管理，就不会有有效的岗位运营管理。

岗位运营目标的管理，包含岗位运营目标的制订、绩效考核指标的设置、工作任务的分解和工作计划的编制，以及工作计划实施过程中的过程控制等。

**1. 以岗位价值和企业经营计划为基础，分解和编制岗位的运营目标**

岗位运营目标的编制和确定的信息来源于两个方面，一个方面是岗位的价值，另一个方面是企业的经营计划。

**(1)基于岗位价值指标体系来设置岗位的运营目标指标体系。**

岗位的价值指标体系是岗位运营管理的重要基础，也是制订岗位运营目标的重要依据之一。

**岗位的运营目标的指标体系来源于岗位价值指标体系，岗位运营目标是岗位价值指标在某一个时间段的具体数值和特定要求。**

岗位的运营目标，不仅包含利润、营业收入等股东价值指标，也包含客户价值、员工价值、企业价值和社会价值等指标。

例如，负责培训岗位的员工，他们的岗位的价值，可以包含企业盈利能力、员工胜任能力与员工敬业度、企业的品牌价值或客户满意度、培训成本和员工流失成本、企业的合规性等。

当然，按照岗位价值来设定岗位的运营目标，并以此作为岗位员工绩效考核和任职资格评价的基础，这在现行的企业管理过程中，会遇到很大的困难和阻力，最主要的原因是我们现有的企业目标管理与绩效考核中，除了利润和营业收入等股东价值指标外，其他的目标和指标绝大多数是工作任务指标，不一定是岗位价值指标，企业缺乏提炼岗位价值指标的工作基础。

比如，培训岗位的员工，他们的年度目标、月度目标，绝大多数是按照培训计划和培训体系建设情况来确定他们的工作目标，并进行考核和评定的。培训计划和培训体系是培训岗位的工作任务，这些工作任务的完成并不一定创造岗位的价值和企业的绩效。按照岗位价值来确定培训岗位的运营管理目标并进行考核评价，无论是管理实施的难度还是绩效实现的难度都比基于培训工作任务的难度要大。

不过，**无论是对企业还是对于员工来说，只有真正创造岗位价值的工作才是有效的工作，不产生岗位价值的工作，最终都会被企业或市场所淘汰。**

**(2)基于企业的经营计划和管理目标来分解和制订岗位的运营目标值。**

岗位的运营目标的指标体系来自岗位价值指标体系。岗位的运营目标的指标值和某一阶段的具体要求则来自企业的经营计划与管理目标的分解。

企业在制订年度计划和月度计划时，需要根据年度的经营计划与管理目标，将相关经营指标和管理要求分解到部门，然后由部门分解到岗位，成为岗位的运营管理目标。

在企业经营计划与管理目标分解的过程中，会有两种情况，一种是易于分解的量化指标，一种是不易于分解的非量化目标。

对于易于分解的量化指标，可以直接进行量化分解，这是在企业里最容易设定的指标，而对于不易于分解的非量化目标，则需要做两方面的安排，一种是直接以公司级的量化指标作为岗位的目标之一，另外一种是将非量化目标进行推演和分解为岗位的管理目标，并评估好其与公司级目标达成之间的关系，以及制订可以进行结果评价的具体方法。

例如，研发人员的工作不仅仅是为了完成某个新产品研发的任务，还包括所研发产品的客户满意度的衡量指标、产品市场价值的衡量指标以及某个经营期内所能达成的营业收入和利润指标。培训人员不仅仅是要组织和安排销售人员的某个培训项目，还包括销售人员的岗位胜任率指标、销售业绩达成率、人才开发和员工的学习成长指标等。

根据岗位价值管理的原则，每一个岗位都应为企业经营目标的实现创造价值，因此，无论是与企业经营目标直接关联的可量化工作，还是不能与企业经营目标进行直接关联的非可量化工作,都可以直接将企业的经营目标或分解后的管理目标作为岗位价值和岗位运营目标的指标。

**2. 建立目标管理和绩效奖惩机制**

目标管理,包含三个部分的工作,一是目标指标的制订,二是执行过程中的控制,三是绩效结果的评价与改善提升。这三个环节需要环环相扣,并严格执行,任何一个环节的缺失或管控不到位,都有可能影响目标管理的效果与岗位价值的实现。

关于目标管理的过程控制和绩效评价及改善提升,我们会在后续的章节中进行具体阐述,在这里需要补充一点的是,在分解和制订岗位的运营目标的同时,需要就岗位的绩效评价的指标体系以及评价标准,与员工进行共同探讨和确认,并以此作为后续的绩效评价的依据。

# 四、任务

建立以专业为支撑的工作框架及任务提炼方法，实现岗位的价值目标

岗位价值目标管理的第四项工作是分解和制订岗位的工作任务。

**(一)岗位的工作任务**

**任务，是指为达成运营目标所规划和分解出来的具体工作事项，任务本身既不是运营目标也不是价值衡量的对象，只有若干任务完成后所达成的运营目标，才具有价值。**

根据上述定义，我们把工作任务和运营目标做了一个明显的区分和界定。

举一个例子，一个培训岗位的员工，今年3月份有一项重要的工作任务是组织一次公司销售人员培训。

那么，他的主管领导和他本人就根据这项培训任务制订一份培训工作计划，如在3月25—26日组织两天的销售人员销售技能培训。

按照我们传统的目标管理和工作计划编制的方式，这名培训员工3月份的工作目标就是围绕上述工作计划完成一次为期两天的销售人员销售技能培训工作。

然后，培训人员花了一个月的时间，完成了本次培训组织工作，在培训结束的时候，培训人员还组织了一次培训满意度调查，参加培训的销售人员的平均培训满意度达到85%，达到了公司培训工作的管理要求。

这样，这名培训岗位的员工用了一个月的时间，花了一笔不小的费用，就算完成了3月份的工作计划、目标和任务，其月度绩效考核也得到了主管和本人的认可。

那么，这里我们有一个问题，就是这名员工完成的是岗位的工作任务，还是岗位的运营目标？很显然，在传统的目标管理和计划管理过程中，会有很多管理者

和员工把完成培训项目既作为工作任务也作为工作目标。但如果是按照本书的定义，这名培训岗位的员工完成的是工作任务，不是运营目标。

**在现有的目标管理和工作任务的管理模式下，目标和任务的概念并不是严格区分的，这就容易出现管理者和员工把任务当目标或任务与目标不分的现象。**

分清任务与目标之间的关系，是企业经营计划编制和岗位运营管理过程中一项非常重要的工作。

**1. 现有概念中目标与任务之间的关系与区别**

混淆或没有区分目标与任务之间的关系和差异，不是由于我们自身的原因造成的，是我们日常的语言习惯造成的，也可能现有的中英文词汇本身就没有明确地界定和区分目标与任务之间的关系和区别。

"在知识工作中，关键的问题是：'任务是什么？'"

这是彼得·德鲁克在他的《21 世纪的管理挑战》中提到对于知识工作者（在企业里，相当于各类专业技术与职能管理等岗位的员工）来说，最关键的问题不是怎么做，而是做什么（"任务是什么"）。

德鲁克这里指的任务，到底是任务还是目标，并没有人对此进行区分和定义。

目标管理是德鲁克在 20 世纪 50 年代提出的一项重要的管理思想和管理方法。但是，他在他的著作里强调，对于知识工作者来说，最关键、最重要的问题仍然是要明确"任务是什么"。

通过下面的例子，我们来看一下，在现有的管理应用中，任务和目标之间是怎样的关系？

例如，企业有可能制定这样一份年度经营计划，其中年度经营目标是实现销售收入 10 亿元，利润 5000 万元。根据这个销售目标和利润指标，研发部门要在今年开发 2 款新产品，销售人员要在维护现有客户的基础上，增加 20 个新客户，人力资源要再招聘 10 名销售人员，等等。

研发部门开发 2 款新产品，销售部门增加 20 个新客户，人事部门招聘 10 名销售人员，这是公司经营计划中分配给各个部门的工作任务，这些任务支撑公司销售和利润目标的达成。

接下来，研发部门就可能把公司交给他的开发 2 款新产品的任务，转化为研发部门的目标，然后再分解成不同设计人员的工作任务，然后设计人员再把公司交给他的工作任务作为目标，制作工作计划和细分的工作事项，这些工作事项，就成了设计人员每月或每天要完成的工作任务，有时人们也可能把这些每月或每天要完成的工作任务称为工作目标。

在公司目标转化为员工日常工作任务的过程中，实际上会存在反复的目标与任务之间转化的过程。在这个转化过程中，就有可能导致员工执行的工作任务偏离企业经营目标。

例如，设计人员最后开发的产品不符合销售和市场的需求，销售人员开发的客户不能满足公司销量的需求，人事招聘的销售人员不能达到销售任务的需求等。

**任务是实现目标的路径和方法**，在企业的实际管理过程中，经常会出现一种现象，就是公司级的经营目标，在编制公司经营计划的时候，转化为一系列的工作任务，然后这些工作任务会被分解和转化为一级部门的工作目标，然后一级部门根据公司给定的工作目标再编制本部门的工作计划和工作任务，这些工作任务再被分解和转化为二级部门的工作目标，以此类推，一直到被分解和转化为每一个具体岗位的工作目标或工作任务。

**在这个经营计划的层层编制、分解和转化的过程中，我们会出现一种现象，就是上级部门的工作任务会被转化和定义为下级部门的工作目标。就在这个目标与任务相互分解和转化的过程中，最底层员工的工作目标有可能已经远远偏离了公司级的经营目标。**就如前面提到的研发部门把开发产品作为工作目标，销售人员把开发客户作为工作目标，人事部门把招聘员工作为工作目标，这些工作任务或者说工作目标实现后，并不一定会支撑或必然导向企业经营目标的实现。

**任务与目标不分，极容易造成层层分解的工作任务和工作方法与企业的经营目标不匹配，无法实现企业的经营目标，造成无效价值劳动，甚至负效价值劳动。**

2. 重新定义目标与任务之间的关系和区别

公司的经营目标或岗位的运营目标，是指一个企业、部门或个人在一个时间段内所要实现或达成的能够支撑企业价值或岗位价值实现的一组可量化与衡量的数值或状态。

**任务，无论它是公司层级的、部门层级的还是岗位层级的，只要是由目标分解出来的、为达成和实现目标的具体工作事项，我们建议始终称之为任务，而不能称之为目标，也不能把上级部门的工作任务作为下级部门的工作目标，对于不是目标的工作任务，我们在每一个层级都把它定义为工作任务，而不再称之为工作目标。**

对于目标管理的概念和方法的应用，如果是公司的经营目标和岗位的运营目标，完成目标，我们可以称之为完成或达成了目标，**如果实施的是工作任务和工作计划，我们只称之为完成了工作任务或完成了工作计划，不能称之为完成或达成了岗位的目标。**

员工完成工作任务和完成工作计划，并不一定达成了公司的经营目标和岗位的运营目标，经营目标的达成必须是以完成工作任务和工作计划之后，同时也达到了预定的企业经营目标和岗位运营目标时，才能称之为达成目标。

重新梳理和定义运营目标与工作任务之间的关系和区别，有利于我们正确地进行经营计划的编制和运营目标的任务分解，保障每一个员工的工作任务与运营目标相匹配，并支持企业经营目标的实现，以此提升岗位的价值创造能力，减少无效价值劳动或负效价值劳动。

### （二）分解工作任务的功能

经营目标是通过工作任务的逐步分解和实施来实现的，因此，正确地分解和实施工作任务是岗位运营管理的一个重要环节。

#### 1. 制订和分解工作任务，是实现岗位运营目标的路径与方法

例如，公司年度经营目标要实现销售收入 10 亿元、利润 5 000 万元。对于销售部门来说，销售收入 10 亿元，销售价格不低于某个价格水平，是销售部门的目标，这个目标被分解给每一个具体的销售岗位的员工，比如销售人员小王的年度销量目标是 1 000 万元。

达成这 1 000 万元的销量目标，小王需要维护好现有 5 家客户共 600 万元的销量，开发 6 家客户，力争新增 400 万元的销量。销售人员为了开发 6 家新客户，需要拜访 30 家潜在客户，每家潜在客户需要调研、拜访不少于 5 次。

另外，小王需要支持和协助设计人员开发 2 个单品能达到 1 亿元销售规模的

新品种，在这个过程中，小王需要参与市场调研、新品试用、广告促销等一系列的活动。

小王很敬业，但沟通能力不足，这是他一直希望得到提升的能力，他需要与人力资源部门一起研究沟通能力培养和锻炼的方法，计划参加5场关于沟通技巧的培训和训练。

上述工作任务是小王为达成1 000万元销量目标，所需要采取的一系列措施和工作事项，也就是为达成销售目标所分解的工作任务，小王只有在特定的时间内按照某种特定的顺序和要求完成上述各项工作任务，才能保障销售目标的实现。

由此可见，基于运营目标进行工作任务的分解，是实现运营目标的重要途径和方法，没有工作任务的分解，就无法实施和实现岗位的运营目标。

如果公司的销售管理部门只把1 000万元销售目标分配给销售人员，销售人员把销售目标当销售任务去执行，没有相关具体工作任务的分解和组合，很有可以一年结束之后，销售人员的销售目标因为没有正确的任务分解和有效的实施路径而得不到落实。

**2. 工作任务的有效实施，是达成经营目标的前提条件**

反过来说，如果在实施工作过程中，销售部门和销售人员把工作任务和绩效考核的重点放在工作任务之上，而弱化对销售目标的关注和考核，也可能会导致销售的工作任务完成了，但销售目标没有实现。

例如，上述提到的销售部门和销售人员小王，把开发6个新客户，进行市场调研并撰写市场调研报告，开展品牌或产品宣传推广活动，参加5次沟通技巧培训等一系列的工作任务作为工作目标进行组织管理和实施，那么，有可能会出现一种情况，就是上述工作任务都完成了，但并没有完成1000万元的销售目标。因为，开发6个新客户可能没有实现400万元新增销售的目标，市场调研的准确性和有效性对新品开发设计的指导性不足，品牌或产品宣传效果不理想，参加了沟通培训但他本人的沟通理念和沟通技巧并没有得到实质性的提高。

**也就是说，工作任务完成了，并不意味着可以实现运营目标，只有有效地分解和实施工作任务，才能提高运营目标实现的可能性。**

### (三)如何分解和落实工作任务

将经营目标转化分解为工作任务，是企业经营和岗位运营过程中一个非常重要的环节，工作任务制订和分解的系统性和专业性，在相当大的程度上影响和决定了员工工作的有效性和企业经营目标及岗位运营目标实现的可能性。

分解和落实工作任务，需要从以下几个方面进行组织和安排：

**1. 明确定义和区分经营目标与工作任务在企业管理中的概念及应用**

经营目标是企业追求的在某一阶段期望达到的企业价值的数值或状态，工作任务是达成经营目标的路径，无论是企业的管理者还是员工，都需要对这两个概念做明确的定义和区分，避免把目标当任务，也避免把任务当目标。

例如，针对销售岗位的员工，销售收入、市场占有率、客户满意度、员工胜任率、品牌美誉度都可能是销售岗位的运营目标，为企业创造股东价值、客户价值、员工价值、企业价值和社会价值等。

维护老客户、开发新客户、进行客户拜访、开展市场调研、参与品牌推广、参加技能培训等等，这些工作都是为了实现销售岗位的运营目标而分解出来的具体工作任务，这些工作任务组合在一起就形成了实现销售岗位运营目标的方法和实施路径。

在企业的实际销售管理过程中，销售管理人员和销售岗位员工，都需要明确区分岗位的运营目标和工作任务，通过正确地制订和分解工作任务，有效地组织和实施各项工作任务，以保障运营目标的实现。

在公司经营目标分解和岗位工作任务实施的过程中，管理人员不能只关心公司级和部门级经营目标的分解而不关注具体岗位工作任务的制订、分解和实施，岗位员工也不能只关心工作任务的制订和实施而不关注岗位运营目标和公司经营目标的达成和实现。

**2. 注重工作任务分解与运营目标的一致性、关联性、完整性和可行性，提高工作任务分解的有效性和经营目标达成的可能性**

销售岗位员工要完成 1 000 万元的销售目标，需要开展一系列的销售工作，如维护老客户、开发新客户、增加新品种、宣传策划、提升个人能力等等。

销售目标是否能达成，不仅取决于目标本身的大小，还取决于销售工作任务分解的专业性，以及各项工作任务都完成之后是否能达成销售目标。

将岗位的运营目标分解为一系列的工作任务，这个过程需要关注工作任务分解和运营目标之间的一致性、关联性、完整性和可行性，这项工作的专业水平，在很大程度上影响和决定了运营目标达成的可能性。

**(1)保持运营目标与工作任务分解的上下层级的一致性(Consistency)**

企业有多少个管理层级，企业经营目标和工作任务的分解就有可能存在多少个层次。企业每年编制经营计划的时候，首先制订公司级的经营目标与经营计划，然后是分解和制订一级部门的经营目标与工作计划，再然后是一级部门把本部门的经营目标与工作计划分解和转化为二级部门的经营目标与工作计划，依此类推直到最底层部门的经营目标与工作计划。

按照岗位运营管理的需要，企业的各级部门需要把本部门经营目标与工作计划进一步分解和转化为各岗位的运营目标与工作任务，然后再制订岗位的相关工作计划。

在公司的经营目标从公司层级分解到各级部门，最后分解到岗位的过程中，各级部门和各级管理人员要尽可能保持公司经营目标与工作任务分解的上下一致性，在每一层级分解的过程中，保持下一个层级的经营目标与工作任务能满足上一层级经营目标与工作任务的一致性，避免在逐层分解的过程中，出现经营目标与工作任务分解的偏差。企业管理层级越多，经营目标与工作任务分解出现偏差的可能性越大，偏差的幅度也会越大。

企业的经营目标与工作任务的逐级分解的过程，就如同驿站传书的游戏，如果其中有一个人在信息的理解和传递过程中出现偏差，最后一个人肯定无法给出正确的或准确的答案。

另外，在企业的实际运营过程中，有些公司级的经营目标很难做岗位的量化分解，例如企业的利润指标很难在一些后勤保障岗位、专业技术岗位和职能部门进行量化分解，这个时候，有相当一部分企业会给这些岗位制订一些基于岗位职责而梳理的各项工作任务，并把这些工作任务作为岗位的工作目标和绩效考核的对象加以管理。

在这种情况下，倾向于，一方面进一步研究这些非量化岗位的工作对企业经营目标的价值贡献和测量方法，尽可能提炼和分解有价值的运营目标与评价指标。另一方面，可以根据经营目标与工作任务分解的一致性原则，可以直接将企业的经营目标作为这些非直接关联的非可量化岗位的运营目标。也就是说，在实施企业经营目标的逐级分解的过程中，能分解的进行岗位分解，不能分解的可以直接以公司级的经营目标作为岗位的运营目标，例如，可以把企业的利润指标作为企业每一个岗位员工的一项运营目标和绩效指标。

**(2)确保工作任务分解与岗位运营目标之间的关联性(Consistency)**

工作任务来源于运营目标的分解，工作任务是运营目标实现的路径和方法，在运营目标分解过程中，需要强化工作任务与运营目标分解的关联关系，更精准地描述和界定工作任务。

**工作任务的分解，要以工作任务的实施能达成运营目标为原则，这样的工作任务的界定才是有效的。**

例如，企业为达成年度的销售收入和利润指标，其产品的设计、原材料的采购、生产组织与安排、品牌与营销、人力资源配置与团队建设、财务核算与资金应用等一系列经营活动，必须要能满足公司年度销售收入和利润指标达成的需要。

企业经营的关键因素，不在于市场及外部环境的困难，而取决于企业对于内部资源和外部环境的综合分析，以及基于这一分析而制订出的各项工作任务与运营目标之间的关联关系。这种关联关系能充分支撑岗位运营目标的实现。

现在我们来看，彼得·德鲁克之所以在他的《21世纪的管理挑战》中提到：在知识工作中，关键性的问题是："任务是什么"，这句话表明，在制订工作任务时，最重要的因素就在于任务的分解和制订是否与目标有关，任务的准确界定是否能支撑和满足运营目标的达成。

在这种工作任务的分解与界定的要求下，研发人员的产品设计任务，不再是简单的开发某种产品。而是一套系统的产品分析与开发的工作方法，这套产品分析与开发的工作方法，至少包含产品设计所需要涉及的如下内容：

① 产品的目标客户是谁，他们的需求偏好是什么，他们的购买力是多少？

② 产品的外观与性能如何定位，才能满足客户的需求与客户的定位？

③ 产品的研发与生产成本是否符合产品定价的需求？

④ 产品的投放时间能否满足公司年度销售目标的需要？

⑤ 产品的市场容量和市场竞争地位是否能支持公司年度销售目标的实现？

当上述产品开发需求确定后，后续就是一系列的设计工作任务的分解，包括设计人员工作分工、设计人员的配置和技能提升、市场调研、生产技术的确定、原材料的采购、设计与试制等等一系列工作。

工作任务的分解与制订，要能满足公司年度经营目标实现对产品开发工作的需要。这样的工作任务的逐层、逐级分解，每一个环节都是至关重要的，每一个分解环节和每一项任务的界定，都会影响公司年度经营目标的达成。

**公司每一层级经营目标的分解与工作任务的界定都要以公司年度经营目标达成为原则，每一个部门和每一个岗位的工作都与公司的年度经营目标有关，每一个部门和每一个岗位的工作都必须是以公司的年度经营目标的实现为前提。**

(3)提高工作任务分解的完整性(Integrity)

岗位的运营目标是通过一系列的工作任务的分解和落实来实现的，确定岗位的运营目标之后，需要根据运营目标来制订一套完整的工作任务，并推演和论证全部工作任务的实施是否能达成运营目标的实现，在这个过程中需要尽可能做到工作任务分解的完整性。

**工作任务分解的完整性，是指在进行工作任务分解时，要尽可考虑和安排岗位运营目标所涉及的各项工作任务，不产生漏项或缺项。**

例如，销售部门的经营目标，可能包括销售收入、市场占有率、客户满意度、员工胜任率、品牌美誉度等，实现这些经营目标，需要企业在产品开发、客户开发、售后服务、销售技能、品牌建设、信息化建设、团队建设等各个方面做好相关工作的筹划和实施，而不只是关注某一两个重点工作任务的筹划和实施。

中国的企业，在市场经济初期，存在一种比较普遍的现象，就是成长和发展得快，但倒闭和消失得也快，这其中一个非常重要的原因，就是过度关注销售规模的增长，而忽略企业整体的协调发展。企业有了一两款适销对路的产品后，会不断地加大销售力度，增加销售人员、加大广告宣传力度，销售增长后又继续扩大再生产。这样的经营手段和管理措施，虽然能在短期内推动企业快速增长，但大量销售可能会带来多方面的问题，如产品质量下降、服务质量下降、销售团队和销售管理跟不上、客户满意度下降、竞争对手增加、后续新产品开发不足等一系列问题，企业在达到一个销售顶峰后，就迅速出现业绩下滑甚至倒闭。

(4)衡量工作任务实施的可行性(Feasibility)

工作任务分解的另一个重要环节是评估每项工作任务实施的可行性，在目标分解和各项工作任务实施的过程中，任何一项工作任务的完成状态，都有可能影响其他工作任务实施或整体运营目标的实现。**因此，在分解和制订工作任务的时候，要认真分析、评估和筹划每一项工作任务是否能够顺利实施和达成，并能支撑运营目标的实现。**

比如，上述的销售人员，开发 6 家新客户，并且能够达成 400 万元的销售目标，这项工作任务，是否具备可行性，怎么样做才具备工作任务达成的可行性。如果在制订工作任务时未能充分论证和评估该项工作任务的可行性，那么，即便编制了相关工作任务和工作计划，可能也无法保障销售目标的实现。

3. 转变员工职业理念，提高员工的工作效率与工作质量

在企业里，会出现一些员工把工作任务当作工作目标的现象。在一些岗位，由于找不到直接的可量化工作目标，管理者和员工可能会将一些工作任务作为重点工作进行安排和考核。慢慢地就形成了一种只要完成工作任务就算是完成了工作目标的错误认知和观念。他们不再关心企业的经营目标，只关心自己是否完成了领导交办的工作任务，至于工作任务是否有效、是否有价值、是否能够支持企业经营目标的实现，不再成为他们关注的重点，长此以往，就逐渐形成了任务导向型的职业理念和工作习惯。

**岗位的价值目标管理，要求员工增强岗位的使命感和责任感，转变职业理念，以实现运营目标和创造岗位价值为导向，引导员工从任务导向向价值导向转变，形成以价值为导向的职业理念。**

**岗位员工的工作质量，主要来自其完成的工作任务与企业的经营目标及岗位价值之间的关系**，其关系越密切，岗位的工作质量就越高。

例如，研发人员设计的产品性能越有益于客户价值的实现和客户市场的开发，那么设计人员设计的产品的客户满意度越高，对销量的支持力度越大。生产人员在生产过程中质量控制水平越高、合格率越高，客户的满意度也越高，企业售

后服务的成本也越小。招聘人员招聘到岗的人员与岗位的匹配度越高、胜任力越强，招聘的质量和对企业价值的贡献越大。

价值导向型职业理念，可以大大减少员工的无效价值劳动和负效价值劳动，从而有效地提高员工的工作效率和工作质量。

# 五、计划

制订可操作的工作计划与风险预案

岗位价值目标管理的第五项工作是制订岗位的工作计划。

### (一)岗位的工作计划

工作计划是企业最普遍使用的工作方法和管理工具，每一个企业都有一套自己的经营计划编制与实施的方式方法，本书不再对工作计划做系统性的阐述。这里重点阐述工作计划的一个重要概念，就是工作计划的可实现性及其相关要求。

**所谓工作计划的可实现性，是指编制的工作计划要具备可实施和实现的条件，并且实施之后，可以达成我们既定的工作任务和运营目标。**根据这一要求，我们把工作计划的定义、功能和编制方法做一个适度的补充。

工作计划，是指为实施和实现目标任务而制订的一套行动计划和实施方案。

为了确保工作计划的可操作性和目标任务的可实现性，工作计划至少需要包含三个方面的内容：一是工作步骤与时间进度安排，二是实施方案与人、机、料、法、环的配置安排，三是工作计划实施过程中可能存在的困难、风险与预案。

表3－2这张工作计划表，是企业里比较通用的一种工作计划的格式和内容，这样的工作计划表，实际上只包含了部分运营目标、工作任务、责任人和时间安排，这样的工作计划并不一定能确保所列运营目标或工作任务的实施与实现。

**表3－2　　5月份销售工作计划**

| 序号 | 问题来源 | 问题描述 | 行动措施 | 责任人 | 计划时间 | 完成时间 | 状态 | 备注 |
|---|---|---|---|---|---|---|---|---|
| 1 | 销售目标 | 100万元 | 跟踪并落实现有6家客户的订单 | 张三 | 5月份 | | | |
| 2 | 客户开发 | 开发1家客户 | 拜访C公司，争取完成商务合同的洽谈 | 张三 | 5月份 | | | |

续表

| 序号 | 问题来源 | 问题描述 | 行动措施 | 责任人 | 计划时间 | 完成时间 | 状态 | 备注 |
| --- | --- | --- | --- | --- | --- | --- | --- | --- |
| 3 | 客户开发 | 拜访5家新客户 | 出差山东,拜访5家新客户 | 张三 | 5月份 | | | |
| | | | | | | | | |
| | | | | | | | | |

**为了确保工作计划的实施和目标任务的实现,在编制工作计划的同时,需要同步制订一份工作计划的实施方案,把工作计划所涉及的人、机、料、法、环等各要素制订一份详细的筹备计划和实施方案,并提前沟通确认,确保各项筹备计划和实施方案的可实现性。**

**此外,在制订工作计划的同时,需要对工作计划在实施过程中可能出现的各项影响因素进行分析,对可能存在的困难和风险进行评估,并制订相应的风险预案,以确保工作计划的实施和目标任务的实现。**

### (二)编制工作计划的功能

编制工作计划、实施方案和风险预案,对于岗位的运营目标和工作任务的组织与实施,可以起到两个关键的保障作用:

#### 1. 确保工作计划与目标任务的可实现性

工作计划是工作任务实施的人、机、料、法、环的筹划及时间、进度的具体安排。如果只是把分解后的运营目标或工作任务配上责任人和时间要求,这样的工作计划在实施过程中,会因为准备不足、方法不当或资源配置不到位,而遇到很多困难,导致任务无法完成,或者说实际完成的任务与实现目标所需要达成的任务之间偏差很大,并最终影响运营目标和岗位价值的实现。

制订工作计划、实施方案和风险预案,不仅明确了工作任务在实施过程中的时间进度的要求,同时为员工实施工作计划,在人、机、料、法、环等各项资源配置与工作协作上,也提供了充分的论证和准备,并提前筹划各种困难与风险防范措施,可以有效支持和满足员工的实际工作需求,保障工作任务和运营目标的实施与实现。

#### 2. 提高员工的工作质量与工作效率

在企业的实际运营过程中,我们会发现,很多企业很难做到严格地按照事前制订的工作计划执行到位，当遇到困难时，员工很容易拖延或放弃原定的工作计划与目标任务，这会严重影响员工的工作质量与工作效率。

在制订工作计划时，同步制订实施方案和风险预案，可以充分考虑工作过程中的困难与风险，提前做好工作筹划与资源配置，以及风险防范与工作计划调整的预案，这样尽可能减少和避免员工遇到困难后产生的拖延或偏差，提高员工执行工作和应对困难的能力与信心，提高员工工作的质量与效率。

**（三）工作计划的编制与实施**

**岗位工作计划的编制不仅是岗位员工的个人行为，也是企业和各个部门的组织行为**，工作计划的编制包含两个方面的工作。

1. 编制工作计划时要充分考虑人、机、料、法、环和时间效率等各项安排

编制工作计划，需要坚持“预则立、不预则废”的思想和精神，认真细致地研究运营目标与工作任务达成的具体的方法和需求，以能保障运营目标与工作任务达成为原则，来研究工作方法与步骤、资源配置、时间进度和工作成果等内容。我们把制订工作计划所涉及的工作方法、能力配置、资源配置、沟通协作、政策标准、时间效率和工作成果等内容，作为计划的七要素，建立和形成企业与员工制订工作计划的基本模型：

**(1)工作方法与步骤**

制订工作计划，首先是评估实施工作任务的方法与步骤，研究工作任务在实施过程中的各项需求和可能会遇到的困难，以及影响工作计划实施的潜在风险，提前做好克服困难、应对风险的具体的措施和方法，确保工作计划制订之后具备实施和实现的基础。

**(2)能力配置**

运营目标与工作任务的实施计划，首先要考虑执行人员与协作团队的胜任能力，是否能够满足工作的需求。员工或团队的管理者，应对执行工作任务和达成运营目标所需的员工的职业态度和工作技能有一个明确的评估和判断，在执行前或执行过程中进行调整和团队配置，达到具备执行工作计划、完成工作任务、实现运营目标的需要。

(3)资源配置

完成工作任务,需要公司配备必要的人力、物力和财力等资源,在制订工作计划时,要清晰、明确地研判并配备必要的人、财、物等资源,以确保工作计划的实施和目标任务的达成。

(4)政策标准

完成工作任务和实现运营目标,在执行过程中,会涉及各项工作的政策与执行标准,作为岗位的员工和执行团队,要梳理工作计划执行过程中所涉及的公司相关政策与执行标准,提前做好政策筹划和工作安排。

(5)沟通协作

企业里,绝大多数工作都是通过跨岗位或跨部门的分工协作来实现的。在制订和实施工作计划之前,首先要明确相关部门与相关岗位之间的工作协作关系,以及对工作协作的具体需求与安排,确保内部协作的效率和质量,保障工作计划的顺利实施。

(6)时间效率

工作计划对任务实施的工作步骤和时间安排,需要有明确的时间节点和优先顺序,评估时间进度和工作效率的保障措施,确保工作计划能够严格按照规定的时间进度和工作效率的要求进行组织与实施。

(7)工作成果的定义

工作计划的实施是以达成工作任务并实现运营目标为导向,因此,对实施工作计划的工作成果,需要有明确的定义和描述,以保障工作任务达成对运营目标实现的有效性。没有工作成果的详细而具体的描述,就无法推动工作计划的有效组织与实施。

2. 编制实施方案与风险预案

在上述工作筹划和工作计划编制的过程中,对于重点工作,需要进一步制订实施方案与风险预案,把相关运营目标、工作任务和工作计划的实施的具体方法与需求,进行详细的描述和安排,并且对可能存在的困难、风险和变化因素进行分析与评估,制订相应的调整和应对措施,以便于员工在实际执行过程中,能够快速、有效地实施,并及时应对和处理各种可能存在的困难与风险。

# 第四章

# 岗位的职责规范管理

## 导言

岗位运营管理的第二大类工作是**建制度**，即岗位的**职责规范管理**（见图4—1）。

无论是企业的管理者，还是员工，在上岗前或上岗后，岗位的第二类工作任务是梳理和制定岗位的工作职责、管理制度与作业规范。

**1. 核心理念**

岗位的职责规范管理的**核心理念是建立规范执行的管理理念与工作方式。**

**所谓的规范执行，就是“先规范、后执行”，是指在开展任何工作之前，先制订和明确工作的规范、标准和方法，然后再执行。**

高效执行，不是获得工作指令后就立即行动，任何时候、任何人，在得到工作指令或实施某项工作任务之前，先要确定工作的目标、路径、方法、步骤、规则和计划，然后再去执行，先有执行的规范、标准和方法，然后再执行，这样才能提高工作的质量和效率。当然，在执行过程中，也需要不断地修正和完善工作的规范、标准和方法。

如果没有规范执行的职业理念和工作习惯，先执行后改善，往往会偏离目标、出现错误，造成不必要的大量的浪费和损失。

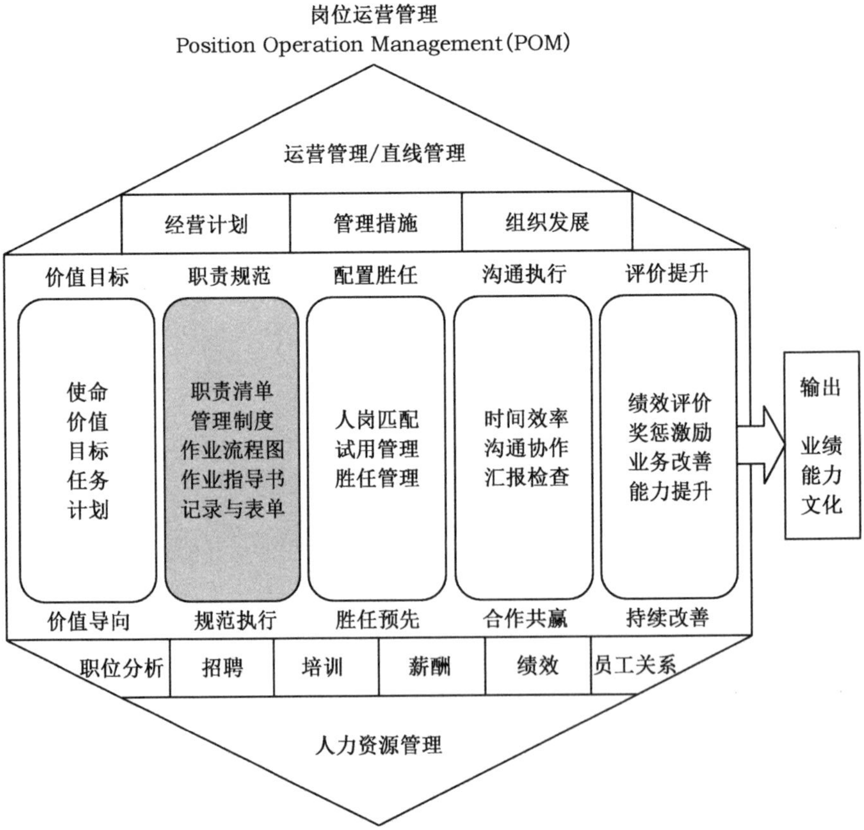


**图 4—1 职责规范管理在岗位运营管理体系中的位置**

中国企业的管理方式和员工的职业行为是在改革开放的过程中随着市场经济的发展自发形成的一种行为方式，很多是管理者或员工自身经验与个性习惯积累的结果，缺乏系统、专业、规范和统一的标准，这就导致企业与企业之间、部门与部门之间、岗位与岗位之间，无论是在管理方法上还是在工作方式上都存在巨大的差异，无论是企业之间的产业协作还是企业内部的工作协调，都存在从理念到行为上的巨大分歧和差异。

建立先规范后执行的岗位职责规范管理，是企业管理模式、管理者的管理方法和员工工作方式的根本性改变，是促进中国社会职业化、规范化发展和提升员工职业素养的最为重要的职业理念和职业行为。

**2. 管理内容**

职责规范管理的内容，包括：职责清单、管理制度、作业指导书、作业流程图、记录与表单等。

# 一、职责清单

导入职责清单，避免遗漏推诿

岗位职责规范管理的第一项工作是梳理和整理岗位的职责清单。

**(一)岗位的职责清单**

职责清单是在岗位说明书所界定的岗位职责的基础上，进一步细化和分解岗位的工作职责与工作内容，以及其执行的时间、频率和工作强度。

以往，企业主要是用岗位说明书来描述岗位的工作职责，那么，岗位说明书里已经描述了工作职责，还需要编制职责清单吗？

通常情况下，岗位说明书对岗位职责的描述和界定是非常简单的，主要是列举本岗位所要承担的几类重点工作，岗位说明书中的岗位职责的条目一般在六到七条左右，多的也不超过十四五条。也就是说岗位说明书中的岗位职责，它主要的功能是界定岗位的主要的工作职责和大致的工作范围，是用于确定岗位员工主要的权利与义务，它的功能不是用于汇总整理岗位的具体的工作内容和工作事项。

依据岗位说明书中的岗位职责来界定员工工作职责，在实际工作中存在两个方面的局限：

一是岗位说明书的功能主要是用于招聘过程中对岗位用工的描述和用人标准的界定，它的主要功能是用于人力资源的招聘工作，不是用于岗位员工的管理工作，其对岗位的工作职责的描述比较简洁，不能起到对员工工作的指导作用。

二是依靠岗位说明书来界定和描述员工的工作职责，无法全面完整地描述所有工作职责，包括工作过程中的职责变动和调整。这样就导致员工在实际工作过程中，出现工作职责界定不清，表述不准确的现象。员工的工作缺乏精确、完整的描述和表达，容易造成员工工作的遗漏和差错，以及引起跨部门、跨岗位的工作矛盾与分歧。

因此，在岗位说明书之外，我们需要有一种新的工具用于描述和整理岗位的具体的工作职责和工作内容，这个管理工具，就是岗位的职责清单列表。

**(二)职责清单的功能**

职责清单，看上去只是一个非常简单的、不起眼的表格，但对改善工作具有非常重要的作用。下面，我们来看一下职责清单在工作中都有哪些功能：

**1. 详细地列举岗位的工作职责，明确每项工作执行的时间和频率，对于员工工作的改善具有几个方面的作用**

**一是详尽、完整地整理和描述工作职责和工作内容，避免工作的缺失、遗漏或遗忘。**对于非生产操作性的岗位，特别是基层的事务性工作较多的非生产操作性岗位，事情多、工作杂，如果没有职责清单来详细列举岗位的工作，很容易造成工作的缺失、遗漏和遗忘，给企业造成不必要的工作损失或责任事故。

**二是详尽的工作职责的描述，可以减少或避免因工作界定不明导致的跨部门或跨岗位的扯皮推诿。**非生产操作性岗位，很多工作需要跨部门或跨岗位协作完成，在企业内部，因为工作界定不清晰导致工作分工不明确、跨部门或跨岗位工作扯皮推诿的现象比较普遍，不仅影响企业正常工作的组织与实施，甚至会影响企业内部员工之间的团结与协作。使用职责清单可以有效避免因分工不明、职责不清造成的内部矛盾和工作分歧，减少组织内部的摩擦与消耗，提升组织的工作效率。

**三是明确的工作职责和时间期限，可以消减一部分员工的拖延习惯，帮助员工养成自动自发的工作作风。**在日常的工作过程中，有一些员工会有拖延的习惯，每项工作都需要主管或同事提醒与催促，不仅影响工作的进度和进展，同时也会增加管理人员的工作强度，降低了管理人员的管理幅度，由此，影响了企业整体的管理效率。职责清单对岗位的每一项工作有明确的时间和频率的界定，员工每月、每周或每天按照职责清单规定的工作事项和工作时间要求安排相应周期的工作计划，并按工作计划履行相关工作职责，这就形成了员工自动自发的工作机制，减少员工工作的拖延。

**四是不断补充完善的职责清单可以形成岗位工作经验和知识成果的积累。** 编制职责清单是一个非常细致、完整的工作，不是一次能够完成的，需要在工作过程中不断地补充和完善，形成工作的积累。当一个岗位的职责清单在进行不断的补充和完善，逐步形成一份完整的职责清单的过程中，也就形成了这个岗位工作经验和知识成果的不断积累。

**五是有利于员工入离职时的工作交接和新员工培训。** 当岗位员工离职和新员工上岗接手岗位工作时，职责清单对于新老员工的工作交接，以及新员工熟悉和了解岗位的工作职责与工作内容，具有非常重要的作用。新老员工按照职责清单的所列工作事项逐条进行工作交接，一是可以尽可能保障工作交接的完整性，二是可以提高工作交接的速度，三是有利于新员工快速熟悉岗位职责并上岗工作。

**2. 便于统计和核定员工的工时强度，优化岗位的工作职责与分工**

在企业里，经常会遇到员工提出工作强度大、工作分配不合理的说法，在没有职责清单的时候，无论是用人部门还是人事部门都难以做到客观实际地评估和评价员工工作强度是否过大、工作分工是否不合理。职责清单中的标准工时的统计和核算，可以帮助企业进行员工工时强度的测算，工时强度测算对于非生产操作性的岗位虽然不是特别准确，但有了职责清单至少有一个非常重要的参考数据，并且职责清单细化列举了岗位的每一项工作职责和工作内容，可以根据职责清单来快速地调整和衡量一个部门内部不同岗位的工作分工和工时强度，尽可能做到合理地进行岗位设置和工作分配。

**3. 职责清单是岗位任职承诺与风险管控的一份重要的基础性文件**

职责清单是岗位运营管理和员工履行岗位职责的一份重要的基础性文件。《劳动合同法》实施以后，以绩效或履职问题引起的劳动争议不断增加，在企业的管理实践中，关于员工履职的问题经常会出现下面两种现象：

一是有的企业在因员工不胜任岗位而辞退员工时，企业会提出员工没有履行岗位的工作职责或工作绩效不达标，但员工会提出企业并没有明确的工作职责的界定和工作绩效的要求，只是在不想要自己的时候才以员工没有履行岗位职责或没有达到工作绩效标准为借口辞退自己，这样就产生了因为工作职责和工作绩效界定不明确而造成的劳动争议。这类劳动争议在日常的劳动争议中所占的比重不小,并且劳动争议处理的结果往往对企业不利。

二是员工有时也会因为企业没有明确的工作职责的界定和工作绩效的要求而不能正确地履行岗位的职责,达不到企业的岗位要求和工作标准,甚至会造成责任事故或经济损失。

职责清单作为岗位运营管理的一份重要的管理文件,明确地界定了员工的工作职责和执行工作职责的时间效率要求,是员工履行岗位工作职责的一份重要的相当于岗位承诺性质的管理文件,明确了本岗位对员工工作职责的基本要求,减少工作过程中不必要的遗漏和差错等风险。

### (三)如何编制职责清单

不同的企业,可以结合自身的需要,制作不同的职责清单,表 4－1 是一份标准版本的职责清单的表格样式,我们可以基于此表来编制企业的各岗位职责清单。

**表 4－1　　职责清单表**

| 姓名: | 岗位:综合行政 | | 部门:人力行政中心 | | |
| --- | --- | --- | --- | --- | --- |
| 序号 | 主要职责 | 执行频次 | 执行时间 | 耗时(小时/次) | 月均工时(小时) |
| XZ01 | 行政费用管理 | | | | |
| XZ0101 | 建立、健全《行政费用管理规定》 | | | | |
| XZ010101 | 制定、修订《行政费用管理规定》 | 年 | 10 月 | 16.0 | 1.3 |
| XZ010102 | 报批《行政费用管理规定》 | 年 | 10 月 | 2.0 | 0.2 |
| XZ010103 | 《行政费用管理规定》贯彻、培训 | 半年 | 2 月、10 月 | 2.0 | 0.3 |
| XZ0102 | 行政费用预算管控 | | | | |
| XZ010201 | 编制年度行政费用预算 | 年 | 10－12 月 | 40.0 | 3.3 |
| XZ010202 | 月度行政费用预算执行 | 月 | 随时 | 4.0 | 4.0 |
| XZ010203 | 月度行政费用预算调整 | 月 | 随时 | 2.0 | 2.0 |

根据表 4－1,我们可以看出职责清单的内容和编写方法包含以下几项:

#### 1. 工作职责

以职责清单的形式列举工作职责,是为了描述和列举岗位的全部工作任务和所有具体的工作事项，以保障岗位的工作内容不遗漏和不缺失。

岗位说明书中的工作职责是为了界定本岗位的工作范围和责任义务。职责清单中的工作职责是按工作任务类别进行细分的、具体的、全部的工作事项。

怎样编写和表述工作职责，才能够系统、全面、完整地描述和列举岗位的所有工作职责呢？

在职责清单中，我们把工作职责分为三个层级，即一级职责、二级职责和三级职责。

**(1)一级职责**

一级职责，是岗位主要的大类别的工作职责列表。比如，对一个培训岗位来说，企业的培训工作可能会包括：培训制度建设、年度培训计划与预算、内训师培养、培训课程开发、培训项目实施、后备人才梯队建设、员工职业生涯规划、培训档案管理等工作事项，我们把这些工作事项作为一级职责。

**(2)二级职责**

二级职责，是一级职责往下细化的二级工作职责列表。例如，对培训的一级工作职责中的"年度培训计划与预算"，又可以进一步划分为培训需求调研、年度培训计划编制、培训预算编制、月度培训计划制订等细分的工作类别。

**(3)三级职责**

三级职责，是二级工作职责细分后的具体工作事项与工作内容。比如，培训的二级工作职责中的"培训需求调研"工作，又可以进一步细化为具体的每一个实施步骤和工作事项，如制订年度培训需求调研计划、编制年度培训需求方案、开展部门内部年度培训需求调查、组织年度培训需求访谈、制订各岗位员工培训需求、汇总公司各部门培训需求等。在第三级职责描述时，我们要求做到，每一个工作事项都只是描述一个具体的工作动作，并且这个具体的工作动作是能够赋予它具体的时间、地点、人物和结果等内容。

第三级工作职责是职责清单梳理的重点，需要完整、全面地描述和罗列每一项工作任务。通常情况下，一个岗位的一份完整的职责清单的三级职责可以细化分解到一百多甚至二三百条。只有能够完整地列举出本岗位的全部的三级职责，才能保障本岗位工作的全面性和完整性，防止工作的遗漏或缺失。

### 2. 工作执行的时间与频次

每一个三级职责都是一个具体的工作动作，这个动作在什么时候做、多长时间重复一次，可以在职责清单中进行明确的界定，这样就有利于我们在那个时间点来安排那项工作。

也就是说，根据上述工作的需要，我们要对每一个三级职责，给予界定其执行的时间和频次。

比如，公司每年要进行一次年度工作计划和预算的编制工作，其中制订和发布编制公司年度工作计划和预算的通知，就是一项具体的工作。制订和发布编制公司年度工作计划和预算的通知这项工作，它执行的时间，比如可以定在每年的9月份，执行的频率是每年一次。

再比如，个税申报这项工作，公司薪酬核算人员或财务人员每月要进行一次员工的个税申报，个税申报的执行的时间是每月15日之前，执行的频率是每月一次。

当然，在企业里，有很多工作是不定时执行的，可能是随机的或随时发生的。比如，有的企业，安排面试并不是固定在某个时间来做的，而是根据岗位的需要、领导的时间以及应聘者的时间来综合考虑和安排的，那么面试的时间安排就不是一个固定的时间，而是随时进行预约和安排，因此，这项工作执行频率就是随时安排。

### 3. 标准工时与工时强度的测算

标准工时是核定工作效率的一个重要的指标，在管理工程学和精益生产的管理体系里，都有对流水线上的员工或所有生产人员的标准工时的测算，并按照标准工时核定产量、人员编制和生产节拍等。

非生产操作性人员，由于工作的不确定因素多，特别是一些涉及智力性的工作，很难给它设定一个固定的完成时间，因此，对于非生产操作性人员，企业通常不会计算标准工时，这就导致非生产操作性人员工作效率的管理和人员编制的核定存在比较大的不确定性和管理缺陷。

虽然非生产操作性人员核定标准工时比较困难，但测量和评估标准工时还是具有非常重要的意义的。对于非生产操作人员的标准工时，不一定需要追求非常精确的数据，可以通过评估和测量，给予一个参考数据，并以参考数据作为指导员工工作的一个重要参数，这比完全没有数据参考要好得多。

对于标准工时与工时强度的测算，我们分三个步骤来完成：

第一步是测算和统计完成一项工作所需要的时间，比如每年我们制订和发布一次年度工作计划和年度预算的通知，具体需要多长时间，把这项工作的用时，标注在上面。

第二步是将该项或该类工作转化为月度的平均花费时间，例如，年度工作计划和预算通知的发布是一年一次，假如每编制和发布一次年度的工作计划和预算的通知，前后累计需要花费一天即 8 个小时的时间，那么，平均到月度，就是每月需要花费 8÷12=0.67 小时。

第三步是统计职责清单里所有工作事项的月度平均用时，核算月度总用工时间，该用工时间就是该岗位的工时强度。工时强度是工作强度的一个重要的时间衡量指标，虽然不一定体现为体力劳动的劳动强度，但它至少可以衡量一个岗位的工作时间的长短，工作时间越长，即工时强度越大。如果一个岗位，总工作时间过长，不仅会造成该岗位员工工时强度过重，另外还可能会形成内部工作分工的不均衡，影响员工工作的积极性和公平性。

在这里需要再次强调的一点，测算和统计标准工时和工时强度，会遇到一个问题，就是时间测定的准确性的问题。对于生产操作类岗位的工作，测算工作时间相对比较容易和准确，但对于非生产操作类岗位的员工，在测算工时时的确会存在很多的偏差，这些偏差有些是来自岗位之外的工作环境因素的影响，有些来自岗位员工本人工作的专业技能和熟练程度的问题。不过，我们并不需要一次性来确定和判断标准工时和工时强度，职责清单的编制和使用是一个长期积累的过程，我们可以在工作过程中，不断地优化和完善相关的工作事项和时间测算，让它逐步地完善和精确，达到一个最佳的参考水平。

**4. 培养员工依据职责清单开展工作的方式与习惯**

编制职责清单不是一项工作任务，而是我们使用职责清单的一个过程和一种工作方式。

职责清单只有在使用过程中，才能发挥作用，并会得到不断优化和完善。

职责清单的使用，需要管理人员和员工有一个从无到有的适应过程，在这个过程中，特别是在职责清单编制和使用的初期，管理人员和员工要每天、每周、每月对照职责清单来审视下属或自己是否按照职责清单所列的工作事项，落实了相关各项工作，并在对照实施的过程中，对未被列出的或变动的工作进行补充和完善。

坚持以职责清单作为工作计划和工作安排的依据，并对其进行不断的优化和完善，形成我们的一种工作方式和工作习惯，编制和应用职责清单就会成为一件非常轻松、有价值的工作，对于企业和员工提升工作质量和管理效率，具有非常重要的作用。

# 二、管理制度

落地公司制度，建立岗位规范

岗位职责规范管理的第二项工作是细化岗位所执行的公司管理制度。

**(一)岗位执行的管理制度**

企业的管理制度，根据企业规模和层级，一般分为一级管理制度、二级管理规范和三级实施细则。

无论是哪一级的管理制度，其管理职责和工作流程的界定都是以部门为单位来编制的。

比如，《合同管理制度》，它的归口管理部门一般是行政部或法务部，实施部门是各业务部门或各相关需求部门，结算工作由财务部审核。

不过，**企业里任何一项工作，都是由岗位的员工实施的，这样就出现了一个问题：以部门为单位来划分职责的管理制度如何在岗位上得到落实？**

在岗位运营管理中提出细化分解公司的管理制度，不是要改变公司的管理制度以部门为单位的管理模式为以岗位为单位的管理模式，而是指在管理制度发布实施后，需要从部门管理层级细化分解到岗位执行层面进行管理，把公司的管理制度转化为岗位执行的管理规范。

**(二)为什么要细分岗位的管理制度**

虽然每个企业都会有这样或那样的管理制度，但在很多企业，管理制度并不一定被有效地实施，可以说，制度化管理不足、制度执行不到位，是制约和影响中国企业健康发展的最大的因素之一。

将制度管理从部门层级细化分解到岗位层级，对企业的制度建设和制度执行具有非常重要的作用。

**1. 细化分解公司的管理制度到岗位执行层面，建立岗位的管理制度与工作规范**

企业的管理制度通常是按照工作类别或工作事项来制订和发布，用以描述和界定某项工作在公司层面整体的操作流程与执行政策标准，并明确界定公司相关部门在该项工作中的部门职责，如《合同管理制度》《绩效管理制度》《档案管理制度》等。

企业的管理制度在界定工作职责时，一般是以部门来界定的，很少有企业会把管理制度中的工作职责进一步界定到岗位上。这样，就有可能出现一种现象，就是企业的管理制度在实际的执行过程中，往往得不到具体岗位的有效的执行和落实。

将公司管理制度从部门管理细化分解到岗位执行层面，有助于将企业的管理制度的相关工作职责从部门层面落实到具体的岗位，形成岗位的操作规范和执行标准，指导岗位员工正确地履行公司的管理制度与工作职责。

**2. 强化员工履行公司管理制度及相关工作职责的责任意识**

如果没有明确的规定和工作指令，极少有员工能够主动地承担和履行工作职责。

对于企业的管理制度同样如此，企业管理制度对于职责的界定只明确到部门层面，对于相关职责在部门内部的实施，如果没有明确的分解和安排，员工是不会主动去承担和履行相关管理制度所规定的工作职责的。

比如，很多企业都有《培训管理制度》，培训管理制度会具体描述公司培训的组织开展的内容、流程和政策，并界定人力资源部门、用人部门和财务部门等各部门在培训管理过程中的部门职责。我们知道，虽然培训工作涉及企业的每个部门和每个岗位的员工，并且与每位员工个人的学习成长和职业发展息息相关，但是在实际执行过程中，绝大多数企业的部门主管和员工都会认为公司培训的组织和实施工作是人力资源部门的工作，因此在很多企业里，可能除了人力资源部门的培训负责人会认真地学习和执行《培训管理制度》外，企业里的其他部门的主管和员工可能会很少关注公司的《培训管理制度》。甚至可能，在人力资源部门组织相关培训工作的培训调研、培训计划和培训实施时，其他部门的主管和员工也很难做到积极主动地参与各项相关活动和安排。没有公司各部门和全体员工的参与和实施，人力资源部门是无法组织和开展有效的企业培训的，这样，企业的培训就会越来越少，《培训管理制度》的应用和实施就成了一种形式。只有在人们讨论起培训工作的重要性时，员工才会报怨公司或人力资源部门很少组织培训活动，不关注员工的培训与学习成长，并把相关的责任推给公司或人力资源部门。

把企业的管理制度的工作职责从部门层级细化分解到岗位执行层面，转化为岗位的工作职责和工作内容，可以明确员工在履行公司管理制度中的工作职责，强化责任意识，变员工的工作从被动工作转化为主动工作。例如，当我们把企业的《培训管理制度》的应用和实施，进一步分解到企业的各级管理人员和每位员工在企业培训的调研、计划和组织实施过程中所应承担的相关工作职责和工作任务时，就会有更多的员工会理解企业的培训是员工及各级管理人员自己的工作，而不是人力资源部门的工作，人力资源部门只是统筹公司的资源，并在专业层面协助和指导员工及各级管理人员组织和开展相关培训和学习成长工作。

**3. 进一步细化和完善管理制度在岗位执行过程中的操作细则，有助于制度的细化实施**

我们知道，企业的管理制度主要是规定某项工作在公司层面的分工和原则性、政策性与流程性的操作规则。管理制度对于岗位的执行，并不会做非常详细的规定。这样就容易造成管理制度在实际执行过程中，出现不具体、不完善甚至不合理的现象，导致管理制度对工作的界定和安排不够具体或缺乏可操作性。制度不够完善，必然会影响制度执行的效率和质量。

此外，制度在执行层面的不具体，也容易引起企业内部跨部门和跨岗位工作的矛盾和分歧，如果这种矛盾和分歧没有被及时协调和修正，还会导致制度所涉及的相关工作和相关措施被放弃或搁置。

细化和分解管理制度在岗位上的执行，可以通过完善岗位工作职责、工作内容以及相关操作规范，来补充和完善相关管理制度的操作细则，并消除管理制度在跨部门、跨岗位执行中的矛盾和分歧，以及明确管理制度在应用实施过程中进行持续修订完善的相关职责和具体措施，从而能够有效改善和提升管理制度的执行力度和实施效果。

### (三)如何细化分解岗位的管理制度

把公司的管理制度从部门层级细化分解为岗位执行的管理制度，即岗位员工工作的职责、规范和标准，这是一个非常重要的管理理念和管理模式的认知与转变。

在一些企业里，会有员工抱怨公司管理不规范、公司制度不健全，他们认为这是公司的问题。

**公司不是一个执行的主体，只有岗位才是工作执行的主体。公司管理不规范、制度不健全，问题不是出在公司身上，而是出在具体的管理人员或员工身上，当然公司的老板、总经理或决策层同样作为企业的具体岗位，在其中也承担着非常重要的职责和角色。**

如何将公司的管理制度细化分解为岗位执行的管理制度与工作规范？

**1. 分解和承接公司的管理制度**

在管理制度的制订和实施过程中，需要补充一项工作，把公司的管理制度细化分解为岗位执行的管理制度和工作规范。

以往，制度的制订和发布者，把经过公司审批后的制度以文件或电子公告的方式发出，就算完成了制度的编制或修改工作。至于制度如何执行或执行的结果，有的会跟踪，有的不一定会跟踪，即使跟踪制度的执行与落实，通常也很少跟踪到具体的岗位，大多是以部门为单位进行跟踪和评估，其实这种跟踪和评估的效果是非常有限的。

对于制度的制订和发布者，或者说制度的归口部门或归口管理人员来说，在制度发布之后，需要做一项制度的分解和组织实施工作，即根据管理制度所涉及相关工作的流程和职责，梳理制度的工作列表和岗位的执行规范。

制度的工作列表不仅可以界定各部门在执行制度过程中的工作职责，还可以由各部门进一步细化为岗位的工作职责和工作内容，纳入岗位的职责清单中进行工作职责的规范管理。

此外，每一个部门要把公司的各项管理制度，根据本部门的岗位设置，分解和转化为各岗位的管理制度与工作规范，作为本岗位员工在执行工作职责过程中遵循的公司管理制度的依据和标准。

2. 编制制度清单

一个岗位，需要把公司所有的管理制度中涉及本岗位的工作职责、工作规范和工作标准，分门别类地提取出来，作为本岗位工作所应履行和遵循的公司级的管理制度与工作规范，并把相关工作职责纳入岗位的职责清单。

基于岗位的职责清单和所应履行与遵循的公司的管理制度与工作规范，编制岗位执行所涉及的制度清单，建立岗位的管理制度和工作规范的完整体系。一方面确保公司级的管理制度能够细化和落实到各个岗位，同时，也保障每一个岗位的工作有公司的管理制度和政策标准作为依据。

3. 建立制度执行的检查机制

没有检查就没有执行。企业不仅需要将管理制度细化分解为岗位执行层面的管理制度和工作规范，同时，需要建立制度执行的检查机制，确保各项管理制度和工作规范在各部门和各岗位的应用与实施。

4. 完善管理制度的归口管理

每一项管理制度，在制度文本的最后部分，都有一条是规定该管理制度的归口管理部门。

以往，制度的归口管理主要是负责制度的修订、完善、解释、指导和监督工作。但在制度的实施过程中，制度的归口管理往往是存在缺陷或缺位的。这里面，最重要的因素就是归口管理部门在制度的应用和实施过程中，对制度的进一步分解和细化工作的不足。

细化和分解公司的管理制度到岗位层面，制度的归口管理部门或归口管理岗位员工需要承担具体的细化和分解相关管理制度的角色和职责。归口管理部门或归口管理岗位员工需要在公司管理制度的基础上，对管理制度所涉及的整个流程和规范，与各部门沟通，明确各部门的相关岗位职责和分工，编制管理制度在公司各部门和各岗位的工作列表，并组织公司各部门相关岗位员工进行制度培训和相关工作职责的分解与落实。

# 三、作业指导书

规范作业标准，便于工作交接与知识的传承积累

岗位职责规范管理的第三项工作是编制岗位的作业指导书。

**（一）岗位的作业指导书**

作业指导书在生产型企业的一线操作岗位使用非常普遍，大多数生产型企业都会制订一线操作岗位的工艺标准和操作规范，并制作成岗位的作业指导书或操作规程（以下统称作业指导书）。作业指导书对于控制生产质量和提高生产效率具有非常重要的作用。

本书探讨的作业指导书，不仅仅包含一线操作岗位的作业指导书，而是指公司全部岗位的全员的作业指导书，包括专业技术、职能专项和管理岗位的作业指导书。

我们知道，通常情况下，企业的专业技术、职能专项和管理岗位是没有作业指导书的，他们执行的主要是公司的经营计划和管理制度。但是，在实际的工作过程中，我们发现，经营计划和管理制度对岗位工作的规范和指导是非常有限的，我们需要有一种新的管理工具来帮助企业改善和提升岗位员工工作的规范性与专业性。

**（二）作业指导书的功能**

制作和使用作业指导书，首先需要解决一个为什么的问题，就是企业为什么需要每一个岗位都要制作和使用作业指导书，作业指导书对我们的工作有哪些功能。

**1. 突破传统观念，全面推行作业指导书的管理应用**

在现有的传统管理模式里，企业的管理者和员工比较容易理解和接受一线工

人和操作岗位使用作业指导书，对于非操作岗位的各类专业技术、职能专项和管理岗位，大家还没有形成制作和使用作业指导书的习惯，或者说还没有对制作和使用作业指导书的必要性产生新的认识。

**(1)一线工人或操作岗位的作业指导书**

为什么给一线工人制订作业指导书，以及如何制订作业指导书，对于生产型的企业来说，这是一个非常容易理解的概念。

一是因为一线工人一般文化程度不高，编制作业指导书容易进行培训和作业指导；

二是生产作业对工艺技术标准有严格且明确的要求，制订作业指导书可以有效地规范员工的操作行为，保障生产质量，提高工作效率。

**(2)非操作岗位的作业指导书与作业规范性问题**

对于非操作性岗位，如生产部门的非操作岗位，营销、采购、研发等各专业部门，财务、人事、行政、运营、战略规划等各职能部门以及公司各级管理岗位，这些部门和岗位是很少制作和使用作业指导书来指导工作的。

这些部门和岗位，较少使用作业指导书的主要原因，是这类岗位的工作规范性比生产一线岗位的要求低，工作不确定性和变化比较大，很难用一线操作岗位的作业指导书的模式来规范和约束非操作岗位的工作规范和工作标准。

那我们为什么还要倡导非操作岗位的各类专业技术、职能专项和管理岗位也要制作和使用作业指导书呢？

在这里，我们要探讨一个非常重要的概念：工作方式与管理方法。

在第一章我们提到，中国的市场经济和企业发展刚刚走过四十年的时间，中国企业的管理方法和员工的工作方式还处于自然发生和发展的阶段，没有形成专业的、系统的、规范的并被社会普遍认同和接受的工作方式和管理方法。

一是中国的市场经济是在计划经济社会快速发展起来的，中国的计划经济又是在推翻二千年封建制社会的基础上建立的，在这个过程中，中国的市场经济和企业没有自己的管理理论和管理方法的历史积淀，中国社会的市场理念和职业规范也同样没有历史文化的传承。

二是中国的市场经济和企业发展的初期，拉动企业和经济发展的动力是市场以及土地、劳动力等各种生产要素资源，企业追求的是股东利益最大化，管理不是企业关注的重点，在这个过程中，无数企业经历着剧烈的变化和动荡，无法形成对职业和管理的统一的社会认知和积累传承。

三是中国企业的管理是在学习西方的管理理论和管理方法的基础上展开的，这些管理理论和管理方法的引进、传播和移植还没有系统的、规范的标准，也没有被中国企业和中国社会真正地认同和接受。

基于上述三个方面的原因，在中国，目前还没有形成具有社会普遍认同的职业理念和工作方式，以及管理理论和管理方法。

中国各类企业在管理方法和工作方式上差异很大，除了极少数优秀的企业，绝大多数中小企业没有形成专业的管理理念和管理方法，企业的员工也没有形成规范的职业理念和工作方式。

**中国企业现有的管理方法和员工的工作方式，存在两个特点：**

**一是规范性不强。**管理人员比较喜欢口头安排工作，员工也比较喜欢按自己的理解执行工作。企业内部没有统一的工作方式和工作标准，员工与员工之间在工作的沟通与执行方面缺乏一致性和规范性，这样容易造成工作差错、增加沟通成本，影响企业的工作质量和管理效率。

**二是自主性不强。**由于员工现有的工作方式并非职业化的工作方式，即便是一些管理比较好的企业，员工工作的自主性也不高，主要是依靠企业的强势管理来推动员工的工作。在这种工作状态下，员工工作的效率和企业管理的效率并不高。

非生产操作性岗位，虽然不能像一线操作岗位一样制订非常详细、具体、规范的作业标准和作业规范，但制订和使用指导性的作业指导书仍然具有非常重要的作用。

**制订岗位的作业指导书，引导员工按作业指导书开展工作，并由此培养和建立书面化工作方式，这是改变员工工作方式，增强员工职业规范，提高工作效率和提升工作质量，避免和减少工作差错和工作分歧的非常重要的途径和方法。**

对于管理人员来说，管理者的任务不仅仅是安排员工工作，更重要的是引导员工如何开展工作，明确员工的工作目标和工作标准，指导员工制订工作规范，然后按规则开展工作，并在工作过程中不断地优化和完善工作规范。

规范执行，这是培养中国员工职业化、推进企业管理规范化的重要的工作方式和管理方法。

企业管理的规范化和员工工作的职业化，来自企业管理制度和工作规范的建设。作业指导书是建立企业管理规范和员工工作规范的重要途径和方法。

**(3)经营计划和管理制度，为什么不能替代作业指导书**

在企业里推行作业指导书，还会遇到一种困难，就是公司已经有了经营计划和管理制度，为什么还要编制作业指导书或操作规范？这里我们要简单探讨一下经营计划和管理制度与作业指导书之间的区别，以及它们各自的功能。

一是，经营计划和工作计划，属于目标管理的范畴，不属于制度管理的范畴。它的主要功能是界定岗位员工阶段性的工作目标和任务，也即工作本身。经营计划和工作计划，明确的是干什么，而不是怎么干。虽然有的经营计划和工作计划。也有一定的策略性安排，但本质上不属于作业方法，不能替代作业指导书的功能。

二是，管理制度界定的是工作职责、流程与政策，不涉及工作方法和技巧。管理制度作为企业重要的规范性文件，主要是界定企业相关管理工作的职责分工、工作流程和政策标准，涉及工作方法和工作技巧性的内容较少，有的会有一些规范性的要求，但总体上管理制度对员工工作方法和工作技巧的指导作用较小。

作业指导书，不是管理制度，是规则和方法。比如德国的技术工人在上螺丝时，规定某个螺丝安装时只能旋转 6 圈半，不能多转，也不能少转。这种操作规范，不属于公司管理制度管控的范畴，是专业设计或经验积累的作业标准。这样的操作标准，是以作业指导书的方式来整理并指导工作。当然作业指导书也可以纳入公司的管理制度体系中加以应用和管理，但这类操作标准和方法涉及的内容很多，因此，不适合作为公司制度性文件。

此外，有些操作规范和工作方法，只是一些经验的积累，是指导性的方法，随着环境的变化，可能会需要随时改变或逐步优化，因此，也不适合以制度的方式加以强制性规范。例如，一般企业的《招聘管理制度》会规定招聘面试的流程和审批环节，从简历筛选、初试、复试到终试。但《招聘管理制度》不会对如何进行初试和复试进行详细的描述，不会详细地列举在初试和复试销售人员和技术人员时分别采取什么的方法，这些初试和复试的经验和方法，可以通过作业指导书进行描述和整理，并且随着时代的发展和技术的进步，对面试技术和方法可以进行不断的调整和优化。

所以，作业指导书与经营计划和管理制度是不同功能和用途的管理方法和管理工具，企业即便具有完善的经营计划和管理制度，仍然需要通过作业指导书来帮助员工提升岗位工作的技能和方法。

**2. 作业指导书的功能**

制作作业指导书，对技术、职能和管理岗位的员工以及企业的整体管理来说，具有非常重要的作用。

**(1)改变员工的工作方式和管理人员的管理方法。**

建立“先规范，后执行”的书面化工作方式，可以培养员工良好的职业习惯和职业素养。同时，对于管理者的管理来说，“先定规则，后看执行”也是一种有效的管理方法。

**(2)整理和完善岗位主要工作的工作方法与工作规范，有助于提升岗位员工的工作效率和工作质量，减少工作差错，避免产生内部矛盾和分歧。**

**(3)有利于公司内部的培训和宣贯。**

作业指导书，作为书面文件，并且制作成相应的视频培训材料，还有利于向公司相关岗位以及新员工进行培训和宣贯，节省本岗位员工大量的重复的沟通和培训时间，也方便新员工的工作交接和快速上岗。

**(4)不断优化和完善的作业指导书，可以不断积累企业内部的工作和管理的知识与经验，实现公司知识与经验的积累和传承。**

没有作业指导书，当一个老员工或一个优秀的员工离开岗位的时候，他们身上所积累的工作经验和知识成果，就得不到积累和传承，公司需要重新培养新员工，重新付出巨大的人力与财力成本。

因此，无论是对于一线生产操作岗位，还是对企业非生产操作类的专业技术、职能专项和管理岗位的员工来说，制作作业指导书都具有非常重要的作用和意义，可以有效地提升岗位的专业技能、工作质量和工作效率，提高企业内部的管理水平与管理质量，实现企业内部知识和经验的积累与传承，培养员工的职业规范与职业素养，奠定企业良好的管理基础。

### （三）如何制作和使用作业指导书

专业技术、职能专项和管理岗位的员工的作业指导书的编制工作，可以有统一的标准和模式，也可以不用统一的标准和模式。不同的企业可以采用不同的形式，在同一个企业内部可以做一些文本或范式的界定，也可以不作界定，由员工根据岗位工作的需要和个人的偏好来编制本岗位工作的操作规范或作业指导书。

在具体的编制方法上，这里，可以做一些简单的介绍：

#### 1. 文本的格式

作业指导书的文本格式，可以用 PPT 格式、WORD 文档格式或 EXCEL 文档格式等，但通常情况下，建议使用 PPT 格式，附件使用 WORD 文档和 EXCEL 文档。这种表达方式，比较有利于进行内部员工的培训宣贯和新员工的培训学习。

如果有些工作需要更正式一点的操作规范来界定和管理，可以做成统一标准格式的 WORD 或 EXCEL 的操作规范文本。

#### 2. 作业指导书的工作事项的分类方法

作业指导书和职责清单、管理制度、作业流程图不同，作业指导书的工作事项的分类，不需要按二级职责清单或三级职责清单编写。

我们建议作业指导书的工作项目分类，可以按一级职责清单的工作职责项目进行分类，即分大类编制作业指导书，甚至一个岗位做一个总体的作业指导书也是可以的。

在作业指导书的基础上，有些工作还可以或需要制作成具体的操作规范，比如每一个二级职责或三级职责都可以制作成一个操作规范，也就是一个操作规范规范一项工作，这样更容易执行和方便内部沟通。

#### 3. 作业指导书的内容和编写的依据

编写岗位工作的作业指导书和操作规范，主要的内容和依据来源于几个方面：

一是岗位的工作职责，即职责清单；

二是岗位所执行的公司相关管理制度及相关政策，即岗位的管理制度及其清单；

三是岗位的作业流程；

四是作业的质量标准，符合安全、质量、成本和效率四原则；

五是专业的技能和相关工作的经验与方法；

六是公司内部的统一标准的表格或记录格式。

**4. 根据作业指导书制作培训视频**

在作业指导书编制完成，并经过使用验证后，可以制作成视频文件和培训材料，这样方便在公司内部组织和开展相关工作的培训与宣贯。

**5. 制作和使用作业指导书不只是一项工作任务，而是一种工作方式，是对传统工作方式和工作习惯的改变**

如果企业和员工只是把制作和使用作业指导书作为一项工作任务来对待，在企业里是很难推行作业指导书的工作应用的。制作和使用作业指导书，事实上是在改变传统的就工作而安排工作的一种工作方式，形成一种“先规范、后执行”的工作方式。在做任何工作之前，先制订管理规范、工作标准和作业方法，然后再开展工作，这样才能提升工作的质量，形成一种新的工作方式和职业习惯。

# 四、作业流程图

图示工作流程，优化沟通协作

岗位职责规范管理的第四项工作是绘制作业流程图。

**（一）作业流程图**

流程图是一个能够非常直观地描述和表达工作步骤和跨部门、跨岗位工作关系的管理工具。

根据企业内部流程图的不同使用对象，我们可以把流程图分为两类，一类是与管理制度相匹配的制度流程图，一类是与作业指导书匹配的作业流程图。

目前在企业内部使用最多的流程图是与管理制度相匹配的流程图，一般情况下，每个管理制度后面都会匹配一个该制度所指工作在公司内部运行的工作流程图。与管理制度匹配的流程图所描述的工作分工也是以部门为单位进行划分的，通过制度流程图可以比较直观地区分跨部门之间的工作关系。因此，制度流程图和管理制度一样，描绘的是跨部门之间的工作关系，它有利于直观地辨识部门间的工作职责，但不能反映岗位之间的工作职责与工作关系。

制度的流程图是匹配公司的管理制度来编制的，是公司级的流程图，是给公司全体员工使用的。

本书要讲的作业流程图，是匹配作业指导书的作业流程图，是指岗位的作业流程图，便于岗位员工工作的流程图。

岗位的作业流程图，是针对职责清单中的每一个具体工作事项来绘制作业步骤的流程图，是用于指导本岗位员工如何执行该项工作的作业流程图，虽然该作业流程图也可能会涉及其他岗位或其他部门，但使用和管理的主体是本岗位员工，并向公司相关岗位员工进行公示，以便于彼此之间明确工作之间的关联和程序。

### (二)作业流程图的功能

作业流程图虽然不直接起到具体的管理作用,但它是一个非常直观的描述性工具,对于提高员工的工作效率具有重要的作用。

一是便于本岗位员工清晰地掌握本项工作的作业流程和作业规则,减少工作差错和工作遗漏。

二是作业流程图是以岗位为工作对象而不是以部门为工作对象,对日常具体工作所涉及的具体的岗位和部门做了明确的界定,可以更清晰地辨识岗位与岗位之间的工作关系,减少岗位与岗位之间的工作分歧与矛盾,有助于企业内部岗位与岗位之间的沟通与协作。

三是作业流程图有助于减少企业内部员工之间的沟通与重复劳动,提高员工的工作效率,减少无效劳动和内部工作的损耗。比如,员工工卡申领流程(见图4—2),企业的行政或前台把新员工申领员工工卡和老员工遗失更换新卡做成不同的作业流程图,在企业内部进行公示,这样,无论是新员工还是老员工在需要申请员工工卡时,可以清晰地知晓员工工卡申领的流程及注意事项。一方面,新老员工不需要到处打听员工工卡申领的负责人和申请方式,另一方面,负责员工卡的管理员也不需要反复向新老员工培训或介绍员工工卡的申领流程和注意事项。一份清晰完整的员工工卡申领流程可以大大缩减企业内部全体员工的工作效率,减少企业内部不必要的沟通和劳动损耗。

四是有利于新老员工的工作交接和新员工的培训上岗。当岗位员工的工作变动时,如果本岗位的每一项工作都有清晰的作业流程图,新员工就可以非常清晰、快速地了解工作流程和作业规范,特别是能准确地掌握每项工作可能涉及的相关责任部门和责任岗位。在企业里,有很多工作交接导致新员工上岗困难,不是新员工不会工作,而是工作时不知道相关工作应该找哪些相关部门和岗位,由此造成的工作效率的低下是非常普遍的。有的时候,新员工需要不停地去向主管或其他员工询问内部的工作流程和相关责任人,由此产生了严重的心理负担和工作挫败感,甚至导致新员工离职。

### (三)作业流程图的制作与应用

作业流程图的制作方式与制度流程图的制作方式差异不大,只是在具体的描述内容上有少量区别,制度流程图主要描绘的是流程在不同部门之间的流动关系,而作业流程图主要是描述作业流程的步骤、操作规范以及所涉及的相关岗位。

不同的企业可以根据需要和使用习惯,设计和制作自己认同的作业流程图样式,图 4-2 是一份作业流程图的参考样式,可供制作作业流程图时参考。

<table>
<tr><td colspan="4"><u>员工工卡领用管理　作业流程</u></td></tr>
<tr><td colspan="3">名称：员工工卡领用管理流程</td><td>文件号：<br>版本号：R1.0</td></tr>
<tr><td>部门/人员<br>步骤</td><td></td><td>表格和记录</td><td>职责与步骤</td></tr>
<tr><td>1<br>2<br>3<br>4<br>5</td><td>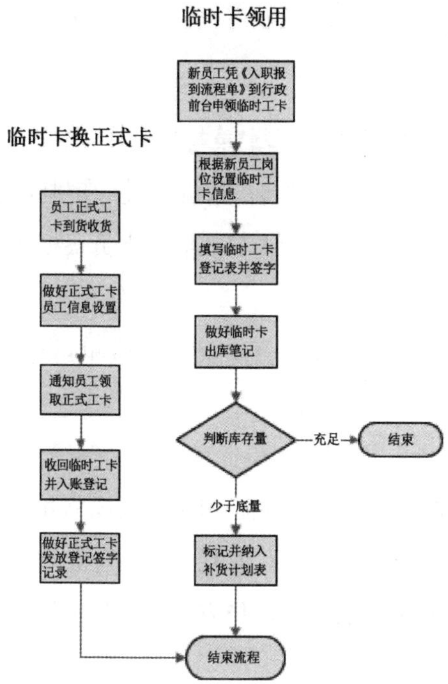
</td><td>领用登记表</td><td>■本流程主控人：<br>行政前台<br>■职责界定：<br><br>●员工<br><br>1）在入职或工卡遗失时向行政前台提出申请<br>2）填写登记申请表<br>3）领取工卡并登记<br><br>●行政前台<br><br>1）登记员工工卡信息<br>2）制作临时工卡<br>3）发放并登记临时工卡<br>4）安排正式工卡制作<br>5）收货并登记工卡<br>6）发放正式工卡并登记<br>7）做好临时卡补货计划<br><br>■流程说明：<br><br>1）新员工入职当天凭入职证明办理临时卡<br>2）正式卡办好后拿临时卡更换正式卡</td></tr>
<tr><td colspan="2">编制：</td><td>审核：</td><td>审批：</td></tr>
</table>

图 4—2　员工工卡申领流程

# 五、记录与表单

统一工作标准，强化记录执行

岗位职责规范管理的第五项工作是制作工作记录与表单。

工作记录与表单，是指员工在执行岗位工作时，依据相关管理制度和作业指导书所需要做的各种工作记录和表格，包括管理人员或监督人员根据相关管理职责所做的各项工作检查的记录与表格。

有制度规范和作业指导书，如果没有相关的工作记录和表单，很多工作在实际执行过程中，就会失去管理效力和工作效果。

因此，企业的每个岗位都要结合岗位的工作职责和相关管理规范，制订和完善与之匹配的执行所需的工作记录与表单，并形成公司统一的规范和标准。

由于工作记录和表单在企业的应用非常广泛，并且不同的企业和不同岗位有各自不同的需求和偏好，本书不再对记录表单的制作方式做进一步的阐述。

# 第五章

# 岗位的配置胜任管理

## 导言

岗位运营管理的第三大类工作是**抓胜任**，即**岗位的配置胜任管理**（见图5—1）。

无论是企业的管理者，还是员工，上岗前或上岗后，岗位运营管理的第三类工作任务是提升岗位任职的胜任能力，以确保员工履行并胜任岗位的工作，创造正效岗位价值。

### 1. 核心理念

岗位的配置胜任管理，是**建立胜任预先的管理理念和工作方式。**

**胜任，是员工履行岗位职责、达成岗位目标和创造岗位价值的前提条件。**

任何一个岗位的员工，如果需要履行岗位职责、达成岗位的目标，必须首先具备岗位的任职资格和胜任能力，员工的任职资格和胜任能力决定着员工岗位工作的状态和结果。

没有员工的岗位胜任能力，就无法支撑和保障岗位目标的达成和公司经营计划的实施。

**胜任预先，是人力资源部门和岗位的直接主管在岗位的人员配置和运营管理过程中必须优先考虑的因素，是管理者在员工上岗之前和在岗期间需要预先安排**

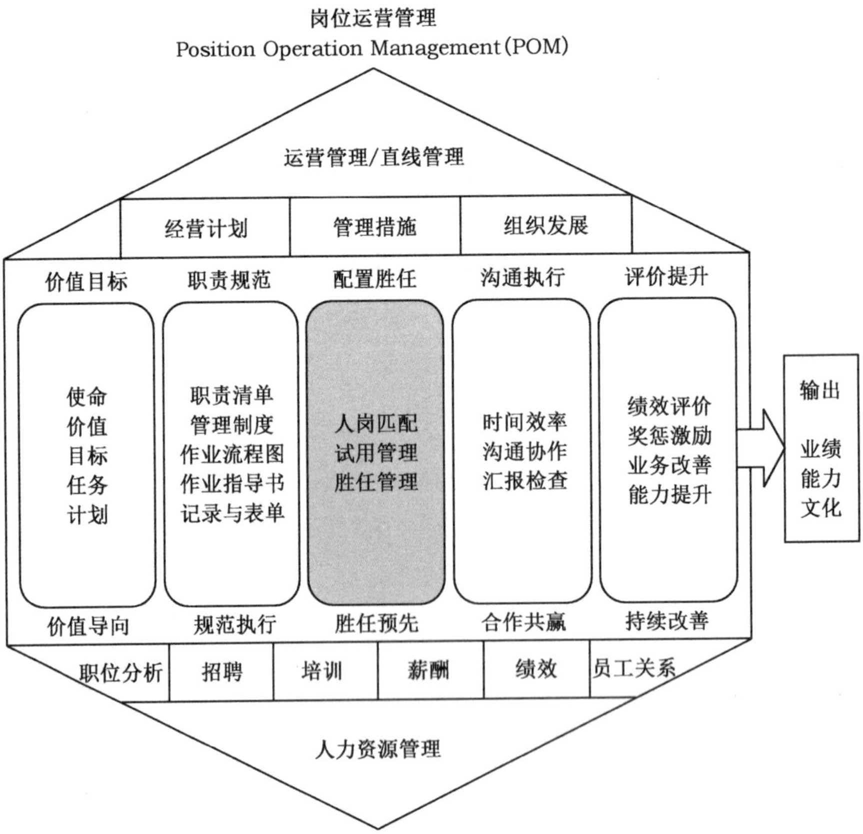


**图 5—1　配置胜任管理在岗位运营管理体系中的位置**

的重要的管理工作。

因此，了解岗位的目标和需求，培养员工履职的技能和方法，这是在员工开展工作之前需要预先考虑的因素。胜任预先，也是员工在上岗之后或工作之前，需要自我管理和提升的重要的职业理念和工作方式。

2. 管理内容

配置胜任管理的内容，包括三个方面，分别是人岗匹配、试用管理和胜任管理。

# 一、人岗匹配

胜任预先、优化配置，严控岗位用工的风险成本

岗位配置胜任管理的第一项工作是人岗匹配工作。

**(一)人岗匹配的概念**

人岗匹配，是指分析和评估岗位的用人需求，为岗位选择和配置合适的人选，力求配置人员的价值取向和职业技能与岗位的使命价值和任职资格的需求保持一定的匹配度，以满足岗位运营管理工作的需要。

人岗匹配有两个方面的含义，一个方面是从企业管理的角度，人力资源和直接主管要为企业的岗位选择和配置优秀的或合适的员工，以保障员工与岗位的匹配度。另一个方面是从员工的角度，员工要找到适合自己的岗位和晋升通道，不断地提升自己的岗位胜任能力和发展空间。

人岗匹配是员工履行岗位职责和实施工作计划的重要条件，也是在岗位运营管理的过程中实现人力资源管理与业务运营管理相结合的关键节点。

**(二)人岗匹配的功能**

人岗匹配度是岗位工作的基础与保障，没有人岗匹配就难以取得岗位绩效和工作成果。因此，无论是企业还是员工，都需要高度重视人岗的匹配工作。

**1. 做好人岗匹配，可以更快速地获得岗位绩效和工作成果，提升岗位价值，减轻企业的管理压力，减少企业的管理成本**

俗话说，“选择大于努力”“男怕入错行，女怕嫁错郎”。

不同的岗位对员工的个性特质和能力素质的要求不同，不同的员工具有不同的个性特质和能力特长，并且，员工的个性特质的改变和能力素质的提升是一个非常困难且缓慢的过程。

企业最有效的人岗匹配的工作是选择到合适的员工，错误的员工配置会导致错误的结果，不恰当的员工配置会给后续的运营和管理工作带来极大的压力和挑战。

**更换一个经理，改变了一个企业**

某公司曾经有一个新成立的分公司业务，配套一家生产企业，在该项目成立之初，前面连续更换了两位分公司的运营经理，一直没有能够把业务的运营提升到盈利和客户认同的程度。特别是第二位运营经理，上任后不久，就经常与客户发生矛盾和冲突，他一直认为客户是在有意刁难公司，提出了很多过分的要求，增加了企业的经营成本和运营管理的难度。经过评估，他认为这样的客户难以服务好，建议公司关停该业务，避免持续的亏损给公司带来更大的损失。

总部在评估他的个性和能力，并与客户沟通后，决定再进行一次人员更换。当新的第三任运营经理到岗后，很快转变了与客户的关系，加强了内部的管理，控制了各项成本和支出，并与客户对后续业务的商务和运作方案进行了调整，很快扭转了分公司的经营与管理局面。

企业的管理效率和经营成果，取决于每一个岗位员工履行职责和胜任工作的工作成果的积累。员工的人岗匹配和胜任情况对企业的价值可能是正面的，也可能是负面的，因此，无论是管理者还是员工，都要高度关注人岗匹配的程度和员工胜任的状态，尽可能做到每一个岗位的人员配置对企业的价值都是正面的、积极的。

对于企业来说，做好人岗匹配工作，可以起到以下几个方面的作用；

**一是减少无效劳动和人工成本浪费。**在企业里，因为人岗不匹配或员工岗位胜任度不高产生的无效的或低价值的劳动是比较普遍的，这种状态的岗位配置会造成企业大量的无效劳动和人工成本浪费。做好人岗匹配工作，可以有效减少人岗不匹配导致的无效劳动和人工成本浪费。

**二是避免企业管理成本的增加。**当人岗不匹配或员工胜任度不高时，企业需要增加对岗位的管理力度和管理投入。比如，一名销售人员技能不足、缺乏履行岗位的相关工作经验和商务能力时，企业需要增加相关的培训活动和培训费用来提升员工的任职能力，同时，管理者也需要花费更多的时间来关注和指导他的工作，这样必然增加了企业管理成本的投入、增大了管理者的工作强度、影响了管理者的管理幅度和管理效率。

**三是减少人员流失。**人岗不匹配，员工无法胜任岗位或不适应相关工作，就会导致员工离职的增加。特别是一个企业或一个部门的负责人出现岗位不胜任或管理不当时，对企业或部门整体员工的流失影响更大。做好人岗匹配，可以减少企业的员工流失。

**四是避免企业的亏损或倒闭。**当企业出现严重的、大面积的人岗不匹配、不胜任时，业务亏损甚至企业倒闭的风险就会增加。特别是一个企业或一个部门的负责人选用不当，可能会直接导致企业的亏损或倒闭。做好人岗匹配，也是避免企业亏损或倒闭的关键措施。

通常企业会鼓励管理人员在企业内部的轮岗和创业，某公司一名长期负责公司职能管理的部门负责人被转岗和晋升到一个新成立的子公司负责业务的开发和子公司的运营。考虑到经营管理工作的需要，公司安排他参加相关 EMBA 的培训学习。但一年之后，公司及时终止和调整了该负责人的岗位，关停了相关业务、解散了相关团队。因为公司发现，当他从公司职能岗位到子公司负责经营管理时，完全无法适应新岗位对他的要求，如果不停止他的这种内部轮岗和创业的尝试，会给公司带来更大的经营风险。

**2. 做好人岗匹配，有利于员工的晋升和发展**

做好人岗匹配，对于员工来说也是非常重要的，减轻了对员工的压力和挑战，增加员工的自信和工作的满意度。当然，随着员工技能的提升，员工也希望去挑战更多的或更高的岗位，因此，做好人岗匹配工作，对员工的晋升和发展也是一项非常有意义的、具有挑战性的工作。

### （三）人岗匹配的应用与实施

人岗匹配的工作包括三个步骤：一是职位分析，二是编制岗位说明书和任职资格，三是遴选面试和人员配置。

**1. 职位分析**

职位分析是为了界定和明确岗位在企业或组织中的角色、功能、使命和价值，明确岗位的工作职责、目标、任务和权力，研究岗位胜任所需的知识、技能、经验和个性特质等任职资格，以便于作为岗位选人用人的依据。职位分析对人力资源管理和运营管理具有非常重要的意义和作用。

**职位分析，是企业或管理人员从经验管理转向专业管理的最重要的环节。**

很多企业或管理者为了节省成本和时间，在岗位设置的过程中，简化或省略职位分析工作，直接按照工作的需要或自己的经验，进行岗位设置和人员配置，当到了岗位实际执行的阶段，企业因为人岗不匹配而带来的损失是非常巨大的。

某公司计划开发一个新的业务领域，在这个方面，公司内部没有相关的专业人才和管理经验。公司首先面试了一名该业务的负责人，然后由他来负责组建业务团队，制订相关工作计划和内部管理制度。可是一年之后，这个团队不仅没有达到公司预定的经营计划目标，反而因为团队的运营成本和业务人员的不规范操作，投入了 200 多万元的费用。

**虽然经验管理有它一定的优势，并且看上去快速、简单、成本低，但绝大多数时候经验管理比专业管理实际付出的成本和代价要大得多。**

任何一项工作，只有在经验符合专业和实践的标准时，经验才会取得比专业更优的产出比，但经验符合专业的概率是非常低的，而在既没有经验、又缺少专业的时候，企业付出的成本和代价可能会更大。

职位分析，是一项重要的且专业性要求比较高的工作，值得企业投入必要的时间和精力用于开展职位分析工作。

组织和开展企业的职位分析，主要包含两个方面的工作，一是研究职位分析的内容，二是选用职位分析的方法。

有了岗位运营管理体系建设为基础，那么职位分析是一件非常容易的事情，比如职位分析的内容，主要是指岗位的工作职责、工作目标、工作方法和工作技能，这些内容在岗位运营管理体系的价值目标管理和职责规范管理中都有非常详细的界定与表述。基于这些工作职责、工作目标和工作方法的界定与表述，我们可以比较快速地运用相关分析方法来提炼职位分析的内容。

当然，如果没有岗位运营管理相关工作的积累，那么就需要按照职位的标准内容和方法来开展职位分析工作。关于职位分析的内容和方法我们可以找到比较多的材料和资源，这里不再做详细的表述，只列出基本框架，供对照参阅。

**(1)职位分析的内容**

职位分析的内容主要包含以下几个方面：

① 职位名称

职位名称一般包含岗位性质和职位等级两部分的信息。

② 设立岗位的目的，即岗位的使命与价值

这个岗位为什么存在，在企业中承担什么样的角色和使命，具有哪些功能和价值。

③ 工作职责和内容

岗位的主要工作职责，可以按职责清单的一级和二级职责进行归纳和提炼。条件成熟时，可以以完整的职责清单的格式来表述。

④ 职位的组织结构图

组织结构图包括：职位的上级主管是谁，跟他平行的是谁，他的下属是哪些职位以及有多少人，以他为中心，把各相关职位画出来。

⑤ 职位的权力与责任

√ 财务权：资金审批额度和范围。

√ 计划权：做哪些计划及做计划的周期。

√ 决策权：任职者独立做出决策的权力有哪些。

√ 建议权：是对公司政策的建议权，还是对某项战略以及流程计划的建议权。

√ 管理权：要管理多少人，管理什么样的下属，下属中有没有管理者，有没有技术人员，这些管理者是中级管理者，还是高级管理者。

√ 自我管理权：工作安排是以自我为主，还是以别人为主。

√ 经济责任：要承担哪些经济责任，包括直接责任和间接责任等。

√ 在企业声誉方面和内部组织方面的权力和责任：比如他的工作失误给公司带来什么样的影响等。

⑥ 与工作关联的信息

就是这个职位在企业的内部和企业外部，包括与政府机构、供应商、客户之间发生怎么样的沟通关系，沟通的频率和沟通的方式是什么样的，是谈判沟通还是日常信息的交流。

⑦ 职位的任职资格

√ 从业者的学历和专业要求。

√ 工作经验。

√ 专业资格要求。

√ 专业知识方面要求。

√ 职位所需的技能：沟通能力、领导能力、决策能力、写作能力、外语水平、计算机水平、空间想象能力、创意能力等。

√ 个性要求：这一项是选择性的。还有其他方面，如这个职位要求的最佳年龄段、身体状况、身高等等，也可以在其他要求里做注明。

⑧ 职位的工作条件

如职位的体力消耗程度，压力、耐力、精神紧张程度等。是不是需要经常出差，出差的频率；这个工作是不是有毒、有害，有没有污染等等。还有用电、爆炸、火警等安全性方面也要写明。有的还要对经济和政治上的危险进行列举。

⑨ 职位需使用的设备和工具

比如从事工作需要机床、叉车、计算机、扫描仪等。

⑩ 劳动强度和工作饱满的程度

比如说工作姿势，是坐着还是站着，有没有弯腰等等。对耐力、气力、坚持力、控制力、调整力的要求。是否要执行倒班制度，实行弹性的工作时间还是固定的工作时间，还是综合的计时制等等。

工作饱满程度是指是否要经常超负荷工作，要不要经常加班，还是刚刚达到饱满程度，或是半负荷，甚至说超低负荷。可以听一听任职者的建议，从而确定人员编制。

⑪ 工作特点

一是工作的独立性程度。有的工作独立性很强，需要自己做决策，不需要参考上一级的指示或意见。而有的工作需要遵从上级的指示，不能擅自做主。

二是复杂性。要分析问题、提出解决办法，还是只需要找出办法。需要创造性还是不能有创造性。

⑫ 职业发展的道路

这个职位的轮岗和晋升通道是哪些,便于管理人员和员工进行职业发展规划。

(2)职位分析的方法

职位分析的方法也比较多,比如观察法、问卷调查法、面谈法、参与法、典型事件法、工作日志法、材料分析法、专家讨论法等,这方面的资料很多,可以通过各种途径和方式获得,这里不做过多详述。

2. 岗位说明书与任职资格

岗位说明书和任职资格是在进行职位分析之后需要进一步编辑制作的基础性文件。

(1)岗位说明书的编制和应用

职位分析之后,相关职位的信息和岗位要求,通常是以岗位说明书的方式进行表述。

岗位说明书的格式多种多样,不同的企业可以根据自身的习惯进行编制。有了职位分析的基础,编制岗位说明书是比较容易的,这里不详述,需要强调的是岗位说明书的应用问题。

岗位说明书在中国企业的应用,有两个方面的不足,值得在应用过程中进行优化调整:

一是岗位说明书对工作职责的界定比较宽泛、不具体,对员工日常工作的指导意义不大,这方面的问题,我们在前面已经提到,以职责清单的方式加以补充完善。

二是岗位说明书对岗位任职资格的要求,如何在实际工作过程中进行实施、测评和管理应用。由于任职资格评价具有一定的专业性,并且需要在工作过程中不断地积累和完善,这项工作的难度较大,这在一定程度上影响了岗位说明书的应用。

(2)任职资格的评价与管理

岗位说明书对于任职资格有明确的要求,但如何能够做到客观、准确地评价员工的任职资格,这仍然是一件非常困难的事情,这项工作需要得到以下几个方面的支持:

一是管理人员需要以专业的视角处理员工的任职资格评价工作，在专业评价的基础上，结合实际工作的经验不断地完善和提升任职资格评价的能力。

二是企业需要开发一套适合本企业的任职资格和人才测评技术，便于管理人员的应用和积累。

三是将任职资格测评的结果应用于员工的试用期管理和胜任力管理，提高试用期管理和胜任力管理的针对性和有效性。

关于任职资格评价的标准和方法，我们将在胜任管理环节做进一步阐述。

**3. 人员的遴选配置**

有了基于职位分析为基础的岗位说明书和任职资格要求，人岗匹配的下一步工作，就是为岗位选择和配置一名合适的或胜任力相对较高的员工。

通常情况下，人员的遴选和配置有三种途径：一是内外部招聘，二是轮岗，三是晋升。

**(1)招聘**

招聘和人员配置的工作质量，直接影响了该岗位的任职水平和业务发展的成败。

错误的人员配置会导致岗位任职和业务发展的失败，正确的配置可以帮助企业快速发展或扭转经营困局。

因此，在岗位任职管理的人岗匹配的过程中，更精确地评价候选人员的任职资格和性格特征至关重要。在人岗匹配的过程中，业务部门和人力资源部门一样，都需要熟练掌握人的综合能力素质、专业技能和性格特质的正确分析与判断方法，准确地把握员工选择，合理地进行团队配置，提高人岗匹配的工作质量。

招聘是企业最常用的人员配置的方式，不过随着市场经济的发展，企业对人才的需求数量越来越多、要求也越来越高，虽然整个社会的教育水平在提高，但招聘到符合岗位要求的员工的难度仍然越来越大，人才供给的相对匮乏成为企业面临的普遍问题，也是制约企业发展的重要因素。

在这样新的市场环境和经济发展的背景下，需要企业和管理人员通过提高招聘与配置的专业性，来提高人岗匹配的合理性和控制企业的用工风险：

**一是建立企业专业招聘的规范和标准**

招聘是一个专业性要求较高的过程，需要通过不同的方式来测量和评价应聘者的知识、技能、个性特质和发展潜能。招聘遴选的方法有简历筛选、面试、笔试、测评中心、情景模拟等多种形式，人力资源部门需要结合企业的实际和不同岗位的招聘需求，建立专业的招聘遴选规范和标准。

招聘面试不仅仅是人力资源部门的工作职责，同时也涉及相关用人部门，不少企业的用人部门负责人较少关注和学习招聘面试的方法和专业技能，主要是在人力资源部门通知和安排本部门人员招聘面试时参与一下面试，这不利于用人部门面试和配置本部门员工。

**二是正确评估招聘配置的标准，控制不合格员工的配置及其用工风险。**

当企业无法为某个岗位招聘到匹配或合适的员工时，企业就面临需要配置和使用不合格员工的问题，这时，企业是要降低标准来配置使用不合格员工，还是暂时放弃相关岗位的招聘配置，直至有合适的人员时再进行招聘配置呢？

这是一个复杂的问题，当招聘不到合格员工时，不进行人员配置或补充是最好的，但有时从企业战略发展的角度，有可能需要继续招聘配置以满足业务的需要，这种情况下的员工配置可能会给企业带来极大的用工风险与管理隐患。

在改革开放后中国市场经济发展最初的三四十年里，市场竞争并不激烈，企业用工成本低，不合格员工对企业的冲击和影响较小，所以，企业更倾向于从发展的角度大力扩大规模，企业仍然保留着追求规模经济和快速发展的惯性和冲动。但进入中等收入阶段，人工成本的上升和市场竞争的加剧，人才供应不足导致企业使用不合格员工的比重在不断增加。在增长快、利润低的传统经营模式下，不合格员工的增加，加大了企业出现亏损甚至倒闭的风险。

就如同前面提到的关于某公司新增的业务，由于招聘配置和管理的不足，这个新业务团队招聘配置的人员越多，不合格、不胜任的员工数量就会越多，企业为该团队支出的人工成本和销售费用无法产生有效的投入产出。当他们无法完成既定的销售目标或整个团队的价值贡献小于其团队的成本支出时，亏损就会随着员工数量的增加而增加。当亏损到达一定规模的时候，这个团队就面临解散的风险，如果不解散必然会伤害整个公司的经营。

当招聘的员工无法满足岗位的需要，其产生的价值低于企业对他的成本支出，甚至是产生负价值的时候，企业需要慎重地考虑是否继续招聘或扩大人员规模的问题，否则，给企业带来的负面影响是非常巨大的。

**三是专业、全面地评估录用员工的任职资格与胜任能力，可以为试用期管理和胜任管理提供科学的依据。**

优秀的人才是有限的，在人才短缺的时代，企业的绝大多数岗位并不一定能招聘配置到优秀的或合格的员工。在这种情况下，企业的管理人员有可能会产生一种懈怠心理，即既然招聘遴选的结果都是不能满足岗位需要的，那么招聘面试的环节是不是就简单一点，先录用上岗，等工作的时候再来看怎么提升和改善员工的工作。

当企业无法招聘到合格员工时，我们是否还需要在面试环节花费大量的时间和精力来进行面试，浪费公司资源和管理人员的宝贵时间？

这时，我们可能需要换一个角度来理解面试和评价员工任职资格的功能。

面试、测评和进行新入职员工的任职资格评价，不仅仅是为企业选择优秀的或合适的员工，同时，也是员工试用期管理和岗位胜任管理的重要依据。越是在人才短缺和员工任职资格不足的情况下越需要做好人才的测评和任职评价工作，这不仅对企业的人才遴选配置提供更精准的依据，同时也为新员工上岗后的试用期管理和岗位胜任管理提供更充分的管理依据，有助于管理人员在新员工入职之后更有针对性地对新员工进行任职培训和监督指导，帮助员工取长补短，更快更好地适应和胜任新的工作岗位。关于新员工的试用期管理和岗位胜任管理，我们将在后面进一步阐述。

(2)轮岗

轮岗是培养管理人员和复合型人才的重要途径和方法。经济的发展和企业规模的扩大，企业对员工综合素质的要求越来越高，轮岗也是员工培训和职业发展的一种重要模式。

轮岗的意义，在企业里是被普遍接受和认可的，但在企业内部具体的轮岗实施却存在诸多困难和障碍，能够做到有效规划和实施轮岗制度的企业还是比较少的。

轮岗的实施，主要解决两个方面的问题：

**一是轮岗要成为一种机制。**

在企业里，轮岗如果不能成为一种机制和文化，实施轮岗就会变得越来越困难。当一个员工在一个岗位工作久了，形成了岗位依赖，再进行轮岗时，员工很容易因为各种利益的考虑和新岗位的不适应而导致员工流失或员工不胜任现象的发生。这是绝大多数企业在推行轮岗时最容易出现的现象，也是企业的决策层对于是否安排轮岗顾虑最大的问题。

销售人员，特别是大区经理或分公司经理进行轮岗，是一些企业比较纠结的一件事情。一个大区经理或分公司经理开发一个区域市场非常辛苦，在这个过程中，大区经理或分公司经理付出了很大的努力和艰辛，更重要的是，在大区经理或分公司经理的业务开发和销售过程中，已经与客户之间形成了一种比较默契的工作关系、感情交流和人脉关系。轮岗后，无论是被轮岗出去的大区经理或分公司经理，还是新上岗的大区经理或分公司经理，都有可能会导致大区经理或分公司经理本人、团队以及客户的波动与变动，给企业的经营与管理工作带来一些额外的损失或者危机。

但即便如此，华为在轮岗制度上仍然坚定不移地推动和实施企业内部销售人员和管理人员的轮岗。华为认为，员工、团队和客户，都是企业的重要资产和财富，企业不能因为要考虑某个人或某些人的个人行为或小团队利益，而损害公司的利益。华为坚信，只要正确地组织和实施公司内部的轮岗机制，轮岗对员工的培养和晋升、对企业的发展和壮大都是非常重要的一项管理机制。

**二是轮岗要结合员工的胜任能力和职业发展通道进行科学合理的规划实施。**

轮岗虽然不一定需要以固定时间或模式进行实施，但轮岗一定要结合企业的管理需求、员工的职业发展晋升通道和员工的岗位适应性来安排，并纳入企业的人才梯队建设和员工的职业发展规划中，进行科学合理的规划和实施。

(3)**晋升**

对于中高级管理人员和专业技术人才，企业是内部培养还是外部招聘，在不同的阶段有不同的倾向，在不同的企业也有不同的模式。

**一是市场发展的不同时期，企业外部招聘和内部培养的倾向性不同。**

在市场经济初期，外部人才供给充足的时候，外部招聘是最快捷、成本最低的途径和方法，因此，在市场经济的初期，中国的企业更愿意通过外部招聘的方式进行人才的招聘配置，很多企业不愿意花费时间和成本进行人才培养。

随着市场经济的发展，企业对人才的需求规模越来越大，人才供应严重短缺，外部招聘越来越困难，加上外部招聘的人才流动性大、稳定性比较差，企业开始逐步重视企业内部的培养和晋升提拔。

**二是在企业发展的不同阶段，企业外部招聘和内部培养的方式也不同。**

在企业发展初期，企业内部优秀人才不足，为了能够快速成长，企业只能采取大量的外部招聘的方式来满足业务发展的需求。而当企业的规模达到一定的程度时，企业也具备了内部培养和员工晋升的条件，在这种情况下，企业更适合采用内部培养和晋升提拔的方式进行人员配置。

企业内部晋升，最常遇到两个问题：一个是无合适的人才可以提拔，二是在晋升的过程中出现彼得原理问题。

彼得原理，是由美国著名的管理学家、现代层级管理学奠基人劳伦斯·彼得(Laurence J. Peter)提出来的，他 1919 年生于加拿大的温哥华，1963 年获美国华盛顿州立大学教育哲学博士学位。

彼得原理(The Peter Principle)是彼得根据千百个有关组织中不能胜任的失败实例的分析而归纳出来的。其具体内容是："在一个等级制度中，每个职工趋向于上升到他所不能胜任的地位"。彼得指出，每一个职工由于在原有职位上工作成绩表现好(胜任)，就将被提升到更高一级职位；其后，如果继续胜任则将进一步被提升，直至到达他所不能胜任的职位。由此导出的推论是："每一个职位最终都将被一个不能胜任其工作的职工所占据。层级组织的工作任务多半是由尚未达到胜任阶层的员工完成的。"每一个职工最终都将达到彼得高地，在该处他的提升商数(PQ)为零。至于如何加速提升到这个高地，有两种方法。其一，是上面的"拉动"，即依靠裙带关系和熟人等从上面拉；其二，是自我的"推动"，即自我训练和进步等，而前者是被普遍采用的。

为了能满足和做好企业的内部晋升，企业至少需要做好以下两方面的工作：

**一是推动后备人才梯队建设，建立内部人才开发机制。**

后备人才梯队建设决定了一个企业长期的、可持续发展的能力。

一些企业在用人时既无法在外部招聘到优秀的人才，也很难在内部选拔或物色到合适的人选，最主要的原因是缺少后备人才梯队建设和内部人才开发机制。

后备人才梯队建设和内部人才开发工作，从短期角度来看，是增加了企业的成本和管理的复杂程度，但企业的经营不是一个短期行为，企业需要不断创新与突破才能得以生存和发展。俗话说“预则立，不预则废”“没有远虑，必有近忧”，如果企业不能为后续的发展进行谋划和储备，组织好后备人才梯队建设和员工的职业发展规划，在企业的经营与发展的过程中就必然会出现人才短缺问题。

2020 年 5 月份，格力电器总经理董明珠在接受采访时，在问及 2020 年疫情环境下是否继续招聘的时候提到，格力在 2020 年仍然会继续招聘 5 000 名毕业生。她在解释为什么在疫情环境下，其他企业可能会减少或停止招聘，但格力仍然要继续招聘时，说了一句话，非常值得大家学习和深思。她说，如果今年停止招聘新员工，企业的后备人才的梯队建设和培养，就会出现断层和断代，就会影响企业未来的发展。

**二是构建企业的人才培训体系，做好员工的职业发展规划。**

岗位对员工任职的需求是全方位的，任何一个方面的缺失或不足，都有可能会导致员工无法胜任岗位，因此，在企业内部，选拔和晋升员工并不比外部招聘来得容易和简单。

企业需要建立内部的培训体系和人才的开发与培养机制，针对每个员工制订职业发展规划和培养开发方案，正确评价员工的任职资格和胜任能力，引导和支持员工自我提升和改善。

## 二、试用管理

完善试用期管理，把好员工任职的第一道关

岗位配置胜任管理的第二项工作是试用管理，也称为试用期管理。

**(一)试用期管理的概念**

所谓试用期管理，主要是指从员工入职上岗到转正这一过程中的任职资格管理。

试用期有两种类型，一种是外部招聘的新员工入职期间的试用期管理，这是企业里最普遍的定义和表述，另一种是内部员工轮岗或晋升到新的岗位时应考虑的试岗期的管理。

对于内部员工轮岗或晋升的岗位试用管理，很容易被一些企业简化或忽略，这是非常错误的做法。企业里，**任何岗位的变动都应该遵循试用期管理的原则和方法，进行岗位的任职资格管理，以保障内部轮岗或晋升的有效实施。**

本书以新员工的试用期管理为例来介绍员工试用期阶段的任职资格管理，我们这里把内部轮岗或晋升试岗期视同于新员工的试用期来统一对待。

试用期管理的内容和方法与试用期的时间长度有一定的关系。关于试用期时间的长短，不同的企业和不同的岗位，新员工上岗后的试用期时长不同，按照劳动合同法的规定，一般的试用期都是在1—6个月的时间之内。通常情况下，对于操作类和服务性的岗位，试用期可以短一些，一般会选择在1—2个月左右，对于业务、技术、职能和管理类的岗位，大多数企业会选择3—6个月的时间。

本书对于试用期管理的时间安排是以6个月为周期来组织实施一个完整的试用期管理过程，企业在实际应用时，可以根据岗位的性质进行时间和内容上的灵活调整。

### (二)试用期管理的功能

试用期的管理模式和管理状态,对新员工的影响是非常大的,对企业的团队建设和管理效率的影响也很大。试用期管理对于员工、团队和企业的功能主要体现在以下几个方面:

**一是加强员工对企业和岗位工作的认知。**新员工上岗首先是要解决员工对企业和岗位工作的了解和认知,了解企业的发展历程、运行体系和管理制度,了解岗位的使命价值、工作职责、作业规范和目标任务。

**二是提升员工的岗位技能和胜任能力。**无论新员工是否达到岗位任职资格的要求,在新员工的试用期阶段,企业都需要按照岗位任职资格的要求和公司的运营管理规范,开展新员工的岗位技能培训。新员工的岗位技能培训,首先是要做到能遵循企业现有的管理规范和管理标准,达到岗位任职的基本要求;其次是结合新员工自身的专业技能和企业的管理需求来改善和提升岗位的工作方法和作业规范。

**三是培养员工自我岗位运营管理的职业规范和工作方式。**岗位运营管理的实施,是由管理人员和员工在日常工作过程中共同推动和实施的,并不断地进行优化和完善,既成为管理者的管理思路和管理方法,也逐步形成员工的职业规范和工作方式。岗位运营管理实施的最有效的途径,是从新员工上岗第一天开始,就按照岗位运营管理的规范和标准进行培训、组织和实施,更容易被新员工认知、理解和接受,并形成新员工的职业理念和职业规范。

**四是促进员工快速融入团队与企业文化。**新员工能否在短期内快速融入团队、胜任岗位或保留在企业,与员工的试用期管理的质量密切相关。

### (三)试用期管理的方法与应用

试用期管理看上去没有什么特别之处,很多企业也没有把试用期管理作为一项非常重要的工作纳入企业的管理体系,通常是把试用期管理作为员工劳动合同和劳动关系管理的一个环节,纳入招聘人员跟踪关注的一项基础工作。

但是,试用期管理的水平和质量,反映了一个企业的管理能力和组织实力,并严重影响着员工对企业和岗位价值的理解、认同和执行,影响员工的融入状态和工作质量。

那么，企业应如何构建试用期管理规范，来帮助管理人员和员工做好试用期的工作呢？

1. 基于岗位运营管理的体系和标准开展员工试用期管理

**试用期管理，既是管理人员实施岗位运营管理最好的时机，也是员工学习、掌握和运用岗位运营管理规则的最重要的阶段。基于岗位运营管理的体系和标准开展员工试用期管理，有助于提高员工试用期管理的质量和水平。**

**(1)明确岗位的角色、功能、使命与价值**

在新员工上岗之时，首先需要与新员工一起，明确岗位的角色、功能、使命和价值，引导员工正确地了解和理解自己在履行岗位职责过程中应持有的职业理念和责任担当，促进员工培养自我执行、自我管理、自我提升、自我发展的观念和意识，消除被动地等、靠、要的习惯。

**(2)制订岗位的目标任务和试用期的工作计划**

基于岗位的使命和价值，与新员工探讨和确认岗位的目标与任务，并结合岗位的目标任务和岗位胜任能力提升，制订整个试用期的总体工作计划。

通常情况下，如果按 6 个月的试用期组织和安排试用期的工作计划，我们可以参照表 5—1 所示的时间节点安排新员工试用期期间的任职管理工作。

**表 5—1　　新员工试用期任职管理工作时间节点安排**

| 时间安排 | 工作内容 | 工作目标 |
|---|---|---|
| 上岗后前两天 | 新员工管理手册、企业介绍等 | 了解企业，认识团队 |
| 第一周 | 岗位的角色、功能、使命与价值<br>岗位的工作目标与试用期工作计划<br>岗位说明书与任职资格 | 了解岗位的使命价值，确认岗位说明书 |
| 第一个月 | 职责清单<br>管理制度<br>业务工作与作业指导书 | 梳理明确工作职责 |
| 第二个月 | 月度工作计划<br>工作规范<br>业务工作与作业指导书 | 在工作中逐步掌握作业规范和职业规范 |

续表

| 时间安排 | 工作内容 | 工作目标 |
|---|---|---|
| 第三个月 | 月度工作计划<br>敬业规范<br>业务工作与作业指导书 | 在工作中逐步掌握作业规范和职业规范 |
| 第四个月 | 月度工作计划<br>沟通规范<br>业务工作与作业指导书 | 在工作中逐步掌握作业规范和职业规范 |
| 第五个月 | 月度工作计划<br>礼仪规范<br>业务工作与作业指导书 | 在工作中逐步掌握作业规范和职业规范 |
| 第六个月 | 按正式员工管理<br>转正评估 | 达到岗位胜任标准 |

**(3)优化和完善岗位说明书与职责清单**

每一位新员工上岗时，都要进行一次岗位说明书、任职资格和职责清单的修订和确认。其中在第一周进行岗位说明书和任职资格的确认与修改，第一个月进行职责清单的确认和修改。

新员工上岗，由管理人员安排新老员工工作交接，并组织和指导新员工重新修订和优化岗位说明书和职责清单，一方面可以促进新员工对任职资格和工作职责有一个清晰、完整的认识，另一方面也有利于企业在引进新员工或在轮岗、晋升过程中，重新梳理和优化岗位说明书和职责清单，这有益于引进新的管理思路、新的工作方法，不断优化和提升企业的运营管理水平。

**2. 基于任职资格与胜任优先原则进行试用期管理**

试用期管理的重点，是让新员工掌握企业的作业规范和职业技能，促进员工履行岗位工作职责、达成岗位目标任务、创造岗位价值。因此，试用期管理最基本的原则是要遵循任职资格和胜任优先的原则来提升员工的岗位胜任能力。

**(1)制度培训**

有不少企业，在员工更换和轮岗的过程中，之前所形成的好的作业规范和管理制度被忽略和弱化。出现这种现象的最主要的原因，一是在新员工上岗过程中，缺乏系统的管理制度的培训和作业指导书的传承；二是新员工上岗后抛弃或推倒公司和前任已经建立起来的作业规范和工作积累，过度强调自身的经验和主张，完全按照自己的理解重新开始工作，从而影响了企业的管理规范和知识积累。

传统的制度培训，是将公司一系列的管理制度，汇总制订一个管理制度的培训和学习计划，安排新员工进行一次性或多次培训学习。这样的制度培训与学习的效果比较差，一是因为集中开展的制度文本的学习和培训的内容多，新员工不一定能够全部吸收和掌握；二是新员工自身的学习和接受能力也有限，在没有使用场景的情况下，员工不容易理解和记忆。

制度培训，必须结合岗位运营管理过程中职责规范的管理体系，根据职责清单和工作计划，在执行的过程中，分项进行管理制度和作业指导书的培训与学习。这样的管理制度的培训与学习模式，一是让新员工在具体的工作实践中进行学习和培训，容易理解、记忆和执行；二是容易让员工掌握和运用岗位运营管理的基本思路和工作规则，培养遵循岗位运营管理体系和方法开展工作的习惯。

**(2)作业指导书与职业技能培训**

无论新员工是否具备和掌握了履行岗位工作职责所需的职业技能，企业都应该系统地组织和开展新员工的岗位职业技能的学习与培训工作。

职业技能的培训，主要做好以下三个方面的工作：

一是贯彻和实施履行岗位工作职责所需的最基本的职业技能与作业规范，避免企业原有的职业技能和作业规范在岗位变更的过程中，出现缺失或偏差，影响工作质量和管理标准的贯彻实施。

二是规范和约束员工履行岗位工作职责的职业规范和职业行为，养成遵循公司管理制度与作业规范的职业意识和职业习惯，避免新员工产生以自我经验为主导的工作方式和职业习惯。

三是在职业技能培训的过程中，加强与新员工的沟通和研讨，发挥新员工的工作经验和专业技术，对公司现有的职业技能和作业规范进行不断的优化和提升。

在已经构建了岗位运营管理体系的企业，岗位的职业技能培训可以按照作业指导书的类别和内容来开展职业技能培训，并在实际工作过程中，按照作业指导书的规范和标准进行练习和实务操作。

### 3. 基于团队建设和企业文化进行试用期管理

试用期管理，不仅仅是为了提高员工履行岗位工作的任职资格和胜任能力，形成岗位运营管理的职业规范和工作方式，同时，还需要关注和引导新员工融入企业和团队，形成新员工对企业和团队的思想认识、情感归属和协作关系。

#### (1)企业文化建设

企业文化是一个企业的群体信念和团队精神。当一个企业能够形成群体信念和团队精神的时候，这个企业就不仅形成了企业的团队合力，同时也能不断激发员工的激情和潜能。

尽管企业文化看上去只是一些概念性的思维和行为，但对于员工的影响是非常大的。企业文化直接影响着员工对企业和团队的认知、情感和协作关系。在新员工身上进行企业文化的引导和塑造，是其他一切工作的基础，是培养员工职业理念和职业行为的情感基础。

企业文化建设，不等于新员工入职时的企业简介的培训和团队之间组织的一些聚餐或聚会活动。而是在全面、完整地介绍和传播企业的发展历程和企业的使命、愿景、价值观和发展战略的同时，在企业日常的管理行为和团队协作过程中贯彻和实施与企业的文化、价值观和发展战略相一致的经营活动和管理规范，在团队内部营造一种符合企业文化和发展战略的团队精神和工作氛围，培养员工符合企业文化与价值观念的职业理念和职业规范，促进员工在思想认知、情感归属和协作关系上与企业和团队保持一致而密切的互动。

#### (2)四个职业规范

为了便于传播和塑造企业的文化和员工的职业规范，我们把员工职业意识和职业素养的一些基本要求和行为规范归纳总结为四个职业规范，方便企业在员工的日常工作中加以培训、宣贯和管理应用。

**一是礼仪规范**。礼仪是一个人、一个组织精神风貌的展现，它既是一种内在修养，又是一种行为规范，其目的是树立良好的形象和培养良好的工作关系。礼仪规范的内容包括仪容仪表、文明用语、商务接待、办公礼仪和人际交往礼仪等。

**二是工作规范**。工作规范是企业对员工的行为、举止和语言的约束性要求，其目的是树立良好的工作行为标准，规范员工的工作行为，形成良好的工作作风和工作习惯。员工的工作规范,包括拥有良好的心态和信念、目标导向、创新、服务、专业、合作、自律、专注、时间管理和注重细节等。

**三是沟通规范**。沟通是上级与下属之间、员工之间、部门之间思想、感情和工作信息的传递与反馈,以获得预期的人际关系和工作成果。沟通规范是企业内部沟通的指导准则,其目的是树立良好的沟通行为标准,规范员工日常沟通,形成良好的沟通习惯。沟通分两种类别,一类是企业日常的沟通,如上下级沟通、平级沟通、客户沟通、社会沟通、日常沟通等。另一类是员工职业发展的沟通,专门针对员工来开展的沟通与激励,包括入职前培训、岗前培训、试用期管理、转正沟通、员工工作异动、绩效沟通和离职面谈等。

**四是敬业规范**。敬业是一个员工对自己所从事的工作的一种负责任的态度和工作状态。敬业规范是指导员工从事工作的敬业爱岗指南,其目的是引导员工,培养良好的敬业意识,形成员工热爱工作的态度,营造积极向上的工作氛围,形成良好的敬业习惯。我们把敬业规范分为价值观念和敬业行为两类,价值观念包括责任意识、敬业精神、终生学习、复命精神、同心协力、公正无私等。敬业行为包括热爱工作、服从领导、尊重同事、服务客户、贡献股东、尊重规则、全力以赴和共同成长等。

**(3)师带徒与团队建设**

员工快速学习和掌握任职资格和胜任能力,融入企业和团队,一个非常重要的工作是师带徒计划和团队建设。

有些企业的新员工入职后,基本上是自生自灭的状态,主要依赖于新员工自身的主动性或生存能力,没有狼性的员工很难在企业里生存下来或融入团队之中。

但天生具有狼性的员工毕竟是少数,大多数新员工融入企业和团队,需要有一定的指导、辅导和关心,否则花费的时间很长、工作见效的进展很慢,并且新员工的离职率很高,新员工离职给企业带来的成本损失也很大。

新员工一旦被人力资源部门和用人部门确认可以录用并安排入职,企业有必要建立师带徒计划,指定专人负责新员工的日常工作安排、团队协作与资源支持,帮助新员工以最快的速度熟悉和掌握工作职责与作业规范,获得公司在政策、资源和团队协作上的支持与配合，快速融入团队，成为企业的一名合格员工，正确履行岗位的使命和职责，实现岗位的价值和目标。

师带徒计划和团队建设，本身的难度并不大，主要是企业和管理人员重视并推动该项工作的组织和实施，并在实施过程中不断地优化和完善。

## 三、胜任管理

建立基于企业发展与员工成长的岗位胜任动态管理机制

岗位配置胜任管理的第三项工作是岗位胜任管理。

### (一)岗位胜任管理的概念

岗位胜任管理,是员工任职管理与业务管理的基础和保障,岗位胜任是一个动态管理的过程,需要贯穿于企业和员工的整个生命周期。

胜任力(competency)一词来自拉丁语 Competere,在中文文献中也常译作胜任特征、胜任素质等。这一概念最早可以追溯到古罗马时代,当时人们就曾通过构建胜任力剖面图来说明"一名优秀的罗马战士"所需要具备的特性。

在此之后,人们不断致力于探索个体绩效差异的来源,希望了解和研究是什么因素在影响着工作绩效。

#### 1. 胜任能力的冰山模型

1973 年,哈佛大学的心理学家戴维·麦克利兰教授在《美国心理学家》杂志上发表了具有颠覆性意义的论文——《测量胜任力而不是智力》(Testing for Competence Rather Than for Intelligence),正式将胜任力这一概念引入学术研究领域,提出了"胜任素质"和冰山模型。

他从品质和能力层面论证了个体与岗位工作绩效之间的关系。他认为个体的态度、价值观和自我形象,以及动机和特质等潜在的深层次特征,将某一工作(或组织、文化)中表现优秀者和表现一般者区分开来。根据岗位的工作要求,将某一工作(或组织、文化)中有卓越成就者与表现平平者区分开来的个人的深层次特征就是岗位胜任素质。它可以是动机、特质、自我形象、态度或价值观、某领域知识、认知或行为技能,总的来说是任何可以被可靠测量或计数的并且能显著区分优秀与一般绩效的个体的特征。

图 5—2 就是我们经常看到的胜任素质的冰山模型。

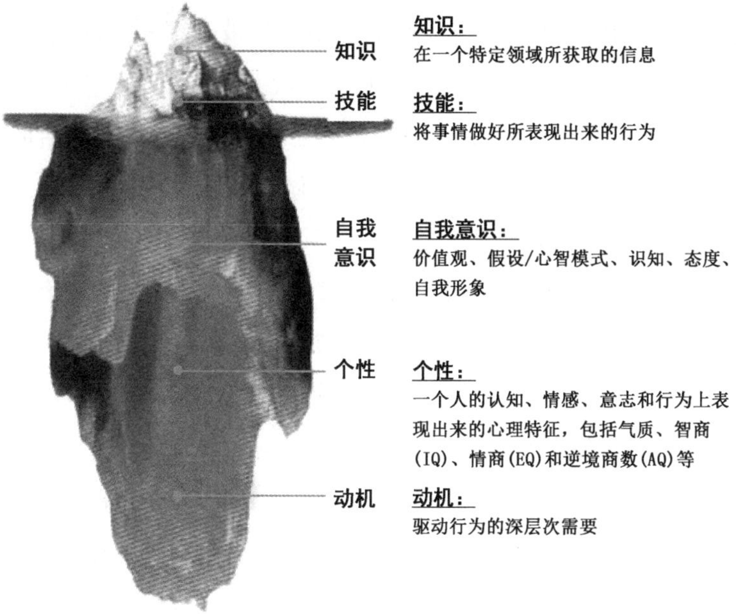


图 5—2　冰山模型

其中,浮在表面的(水面以上的部分),是容易被测量和评价的人的知识和技能。

隐藏在内部的(水面以下的部分),包括人的自我意识、个性和动机,这些是不容易被测量和评价的部分。

冰山模型的胜任素质理论认为,人的外在表现的知识和技能是受到人的内在的自我意识、个性和动机所影响的。

美国学者斯潘塞从特征的角度提出了“素质冰山模型”。素质冰山模型把个体素质形象地描述为漂浮在水面上的冰山,其中知识和技能是属于裸露在水面上的表层部分,这部分是对任职者基础素质的要求,但它不能把表现优异者与表现平平者区别开,这一部分也称为基准性素质(Threshold Competence)。基准性素质是容易被测量和观察的,因而也是容易被模仿的;换言之,知识和技能可以通过针对性的培训习得。内驱力、社会动机、个性品质、自我形象、态度等属于潜藏于水下的深层部分的素质，这部分称为鉴别性素质(Differentiating Competence)。它是区分绩效优异者与平平者的关键因素。职位越高，鉴别性素质的作用比例就越大。相对于知识和技能而言，鉴别性素质不容易被观察和测量，也难于改变和评价，这部分素质很难通过后天的培训得以形成。

当然，人的内在的自我意识、个性和动机是否可以通过后天的培训和引导加以影响和改变，还有待于人类认知科学的发展做进一步的研究和探讨。

2. 胜任能力的洋葱模型

美国学者博亚特兹(Richard Boyatzis)对麦克利兰的胜任力理论进行了深入和广泛的研究后，在其1982年出版的专著《胜任经理人：一个高绩效模型》中提出了另一个广为人知的“洋葱模型”，展示了胜任力构成的核心要素，并进一步说明了各构成要素可被观察和衡量的特点。

如图5—3，在这一模型中，博亚特兹把胜任力由内到外概括为层层包裹的结构，最核心的是动机，然后向外依次展开为个性、自我形象与价值观、社会角色、态度、知识、技能。越向外层，越易于培养和评价；越向内层，越难以评价和习得。

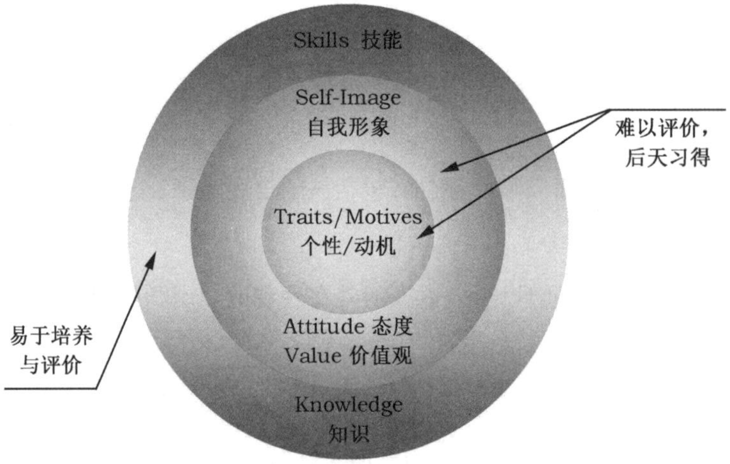


图5—3 洋葱模型

### （二）岗位胜任管理的功能

员工试用期阶段的管理主要是围绕员工的任职资格和融入团队开展试用期管理。无论是在员工试用期阶段，还是员工转正之后，企业需要针对岗位员工进行长期的岗位胜任能力的培训和管理，一是满足当期工作计划和目标任务的需要，二是从企业长期发展的角度发挥岗位的使命和价值，三是有助于促进员工潜能开发和职业发展。

在企业的发展过程中，随着公司规模和业务类型的增加和变化，同一岗位，不同时期的岗位工作职责、工作环境和岗位胜任能力需求会发生变化，对于员工本人来说，感知岗位职责、工作环境和胜任能力需求的变化，并能够根据这种变化而进行自我调整和改变是相当困难的。

李彤一直非常关注岗位的变动和胜任能力的自我培养，在企业的成长过程中，他参与了企业从小到大的全过程，并且在这个过程中一直处在人力资源部门负责人的角色，但这个角色在企业发展的不同阶段，有三个不同的职位名称，分别是人力资源经理、人力行政总监和HRVP（副总或总经理助理）。在这三个不同职位的转变过程中，李彤虽然在不断地进行着觉察和自我调整，但他仍然感觉到自己在曾经的职位（岗位）变动时并没有准确、全面地把握好相关工作内容和工作方式上的变化和调整。这种因岗位变动而影响胜任能力和任职状态的现象在每一个员工的职业生涯中都可能会发生。

可以说，**岗位胜任管理存在于企业的任何岗位和任何时期，也贯穿于员工的整个职业生涯，岗位胜任管理是提高员工岗位胜任能力的重要途径和方式，对企业的选人、用人和育人都具有非常重要的指导作用：**

**1. 岗位胜任管理，可以正确地进行人才测评和人岗匹配**

胜任力管理的核心是建立企业的胜任能力评价体系，为企业的人才测评与任职评价提供测评标准。基于岗位胜任能力评价体系进行的面试和测评，可以帮助管理者做出正确的面试判断和合理的岗位匹配，避免不当的选人用人给企业造成不必要的损失。

**2. 岗位胜任管理，有助于提升员工任职能力和工作绩效**

企业的经营是一个长期的动态发展的过程，在这个过程中，岗位在企业中的使命价值和目标任务也是不断变化的，岗位胜任管理在员工任职期间可以起到两个方面的功能：一是指导员工结合岗位的动态需求，对自身的任职能力和任职状态做出更客观的分析和判断，提高自己的胜任能力与工作绩效；二是有助于管理者结合岗位的需求，根据员工的任职能力和任职状态，对员工的工作做出必要的指导、监督和管控，以帮助员工提高胜任能力和工作绩效。

**3. 岗位胜任管理，可以全面地评价员工综合素质，指导员工的学习成长与职业发展**

企业的培训往往都是集中式的集体培训和学习，这样的培训和学习在员工的学习成长和职业技能提升方面的效果并不理想。每一个员工在个体特质与知识技能方面都具有非常大的差异，通过胜任能力评价，可以帮助员工正确地认识自我和改善提升的方向，指导员工基于自身的能力特征做出学习成长和职业规划上的安排，并且结合自己的个性特质，有针对性地进行培训和学习。

**（三）岗位胜任管理的途径与方法**

构建企业的胜任能力评价体系，开展员工岗位胜任管理是一项技术性要求较高的工作，需要企业花费一定的时间和费用，正因为如此，在中国，只有一些大型企业会投资重金聘请外部咨询机构来帮助企业建立任职资格管理和胜任评价体系，华为就是在这方面进行投入并取得成功的最典型的公司。

聘请外部咨询机构来构建企业的任职资格和胜任力管理体系，对于中国的一般企业来说，是非常困难或不现实的。在这种情况下，我们可以借助于胜任力模型的一些基本思路，来构建企业胜任力管理的基本框架，并在此基础上，通过企业的长期实践和积累来逐步推动岗位胜任能力评价体系建设，提升企业岗位胜任管理水平，在条件具备时，再系统性地进行专业的任职资格管理和胜任评价体系的投资与建设。

**1. 构建胜任力素质模型和胜任能力评价体系**

无论是冰山模型，还是洋葱模型，都是把个性和动机作为最底层思维，其次是居于中间层的自我形象、价值观和态度等自我意识行为，表层或最外层是知识与技能。

这里，我们要探讨一个我们经常提到的词语，叫“潜能”或“潜力”，什么是潜能呢?

顾名思义,潜能是人未被开发的能力,是相对于人现有的能力提出的一个概念。人的现有能力即通常我们所说的人的能力,主要是指人已经具备的知识和技能。

**那么什么是潜能呢?潜能与人的个性、动机以及自我形象、价值观和态度之间具有什么样的关系,我们如何评估和评价人的潜能和可开发的程度呢?如何找到潜能开发的可能途径与方式呢?**

我们知道,最近几年在人才开发和组织发展理论中有一种新的概念和管理行为叫"赋能",所谓赋能,就是挖掘人的潜能并赋予新的能力。那么,这个赋能一定是基于人的潜能来实施的,如果没有潜能作为基础,要实现赋能是非常困难的。例如,我们要提升一个人的观察能力,前提条件是这个人是具备视觉能力的,如果一个人的视觉能力消失了,我们要赋予和提升他的观察能力,那肯定是困难的或无法达成的。

在冰山模型和洋葱模型中,我们可以区分能力和人的底层思维即个性特质之间的关系,但在这两个模型里,并没有界定什么是人的潜能,人的潜能与人的底层思维即个性特质之间具有什么样的关系。

因此,对于人的胜任力素质模型的研究和应用,可能还需要在现有认知的基础上,做进一步的优化和调整,以帮助我们更系统和完整地构建便于我们学习和应用的胜任力素质模型及其评价体系。

本书把人的胜任能力分为三个层次:生理性特质、心理性特征和知识技能(见图5—4)。其中,人的生理性特质和心理性特质共同形成了人的个性特质,包含人的个性、动机、自我价值观、自我形象和态度等,也就是说人的个性特质是一个人内在生理与心理的综合性素质特征。

人的生理性特质是人天生所具备的,具有非常稳定的性状,当然,通过特殊的训练或受到外部伤害,人的一部分生理特质也可以得到改变。

人的心理特质是人在成长的过程中后天形成的思维方式与思想意识,是人的生理机能在成长后形成的一种心理层面的运行机制,这种运行机制也可以理解为是一种思维模式或思维定势,这种运行机制和思维定势形成后具有非常强的稳定

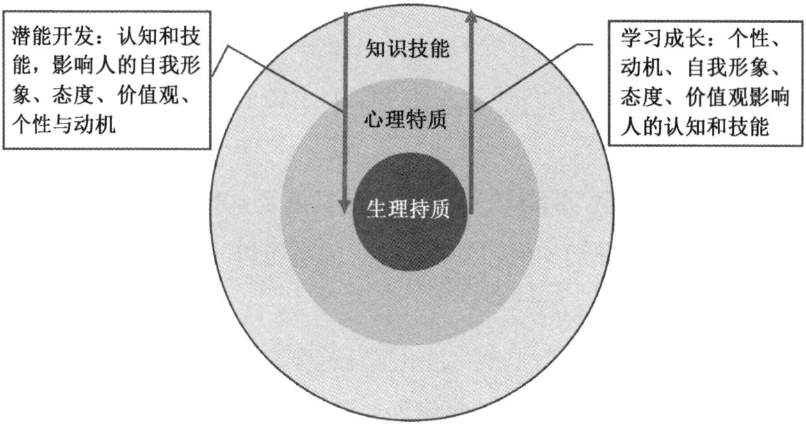


**图 5—4　胜任力素质模型结构图**

性。

人的生理和心理所形成的思维意识与行为特征归纳起来就形成了人的个性特征，这种个性特征与人的动机、价值观、自我形象和态度是相辅相成、不可分割的。人的动机、价值观、自我形象和态度的变化，会通过人的心理因素反向影响人的生理特征，并由此改变人的个性特征。

因此，一方面，人的个性特质，因为受到先天生理特质和后天心理定势的影响具有不可改变性；另一方面，在人的成长环境和心理认知的反作用下，也可能随着时间的推移出现潜移默化的影响和变化，这就是为什么说，人的本性可能是不变的或很难改变的，但人的个性特征仍然会随着个人的成长和成熟发生变化。

人的生理特质和心理特质所具备的能力即为人的原能力，也称之为潜能。

潜能包含两方面的能力：一是内在心理素质未被充分学习和激发的能力，二是通过内在心理素质变化而可能带来的新能力。

在人的生理特质和心理特质的影响下，人们通过学习和训练所获得的知识与技能，则是人所具备的现有的外在能力。

(1)个性特质与性格测试

人是有个体特征和性格差异的。人的个体特征与性格差异，形成了人的思想、意识、行为和能力的差异与不同。

个性，是人的生物机体在与外界事物交集过程中，所表现出来的自我状态的思维、行为和情绪反应的倾向与特征。

人的个性特征，对人的潜能发挥和综合素养的形成具有非常重要的影响，可以说，人的个性特质，是人的所有行为及其能力的内核。

无论是工作还是生活，每一个人的能力和行为特征都会受到其个性特质的深刻的影响，因此，学习和掌握一两种性格测评工具和分析方法，对于我们准确地了解他人和认识自己是非常必要的一项工作。

性格分析和测评的工具很多，比如DISC、MBTI、血型、十二星座等，从工作的角度来看，DISC和PDP(Professional Dyna-Metric Programs)大五性格类型以及九型人格是两类值得借鉴和参考的性格分析工具。

### DISC与PDP大五性格类型

PDP大五性格类型与DISC虽然是两种不同的性格分析工具，但其功能和性质差异不大，PDP大五性格类型比DISC多一个变色龙的性格，这一性格在DISC的性格测评中可以将坐标中间区域的性格类型定义为可变型性格。

DISC性格分析把人的性格分为支配型、表达型、稳定型和完美型四类，PDP大五性格类型把人的性格分为五类，分别为老虎、孔雀、猫头鹰、考拉和变色龙，如图5—5所示。PDP的老虎、孔雀、猫头鹰、考拉四种性格类型分别对应DISC的支配型、表达型、完美型和稳定型。变色龙相当于DISC中间位置的状态。

Dominance—支配型/控制者

高D型特质的人可以称为是“天生的领袖”，他们积极进取、争强好胜、强势、爱追根究底、直截了当、主动开拓、坚持己见、自信、直率。

这类型的人形象如老虎，有自信，够权威，决断力高，胸怀大志，爱批评人，企图心强烈，喜欢冒险，个性积极，竞争性强，有对抗性。

Influence—表达型/社交者

高I型的人通常是较为活泼的团队活动组织者，他们有影响力、有说服力、友好、善于言辞、健谈、乐观积极、善于交际。

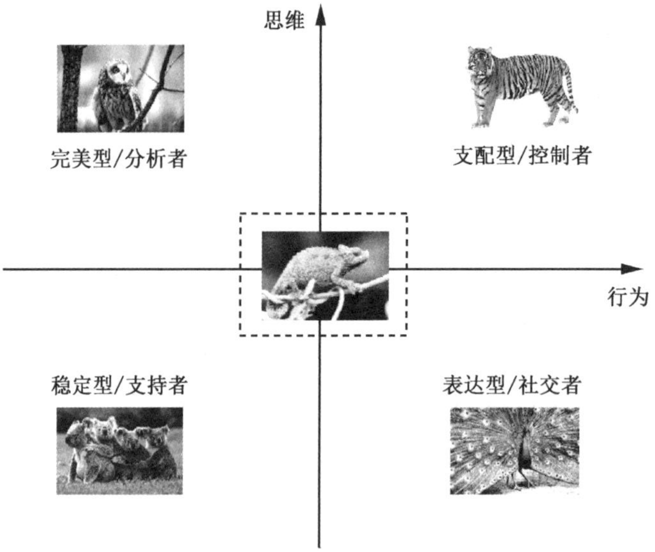


**图 5—5　DISC 及 PDP 大五性格类型**

这类型的人形象如孔雀,很热心,够乐观,风度翩翩,诚恳热心,热情洋溢,好交朋友,口才流畅,个性乐观,表现欲强。

Steadiness—稳定型/支持者

高 S 型的人通常较为平和,知足常乐,不愿意主动前进,他们可靠、深思熟虑、亲切友好、有毅力、坚持不懈、善于倾听、全面周到、自制力强。

这类型的人形象如考拉①,很稳定,够敦厚,温和善良,不好冲突,行事稳健,强调平实,有过人的耐力。

Compliance—完美型/分析者

高 C 型的人通常是喜欢追求完美的专业型人才,他们遵从、仔细、有条不紊、严谨、准确、追求完美、逻辑性强。

这类型的人形象如猫头鹰,注重细节,条理分明,责任感强,重视纪律,保守,分析力强,精准度高,喜欢把细节条理化,个性拘谨含蓄。

---

① 考拉是澳大利亚的一种动物的俗称,树袋熊(学名:Phascolarctos cinereus)即无尾熊、树熊、考拉,是澳大利亚的国宝,也是澳大利亚奇特的珍贵原始树栖动物。树袋熊并不是熊科动物,而且它们相差甚远。熊科属于食肉目,而树袋熊却属于有袋目。它每天 18 个小时处于睡眠状态,性情温顺,体态憨厚。

变色龙型

变色龙，综合老虎、孔雀、考拉、猫头鹰的特质，善于在工作中调整自己的角色去适应环境，具有很好的沟通能力。变色龙具有高度的应变能力。他性格善变，处事极具弹性，能为了适应环境的要求而调整其决定甚至信念。

变色龙型，也是支配型、表达型、完美型、稳定型四种特质的综合体，没有突出的个性，擅长整合内外信息，兼容并蓄，不会与人为敌，以中庸之道处世。他们处事圆融，弹性极强，处事处处留有余地，行事绝对不会走偏锋极端，是一个办事让你放心的人物。然而，由于他们以善变为其专长，故做人不会有什么立场或原则，也不会对任何人有效忠的意向。

## 九型人格

九型人格是另外一种性格分析工具，相比于 DISC 和 PDP 大五性格类型，它的性格类型的区分要更精细一些，同时，九型人格的功能和应用范围更广泛一些。

九型人格不同于其他的性格分析工具，它有三个明显的优势和特点，值得借鉴和进一步探讨。

一是九型人格是从人的基于心、脑、腹而产生的情感、思维、直觉的三种功能而延伸出来的九种不同的价值取向的思维模式和性格特征，如图 5—6 所示。可以让人们更清晰地认识和理解人的思维模式和性格特征的差异，以及产生这种差异的根源和逻辑关系。

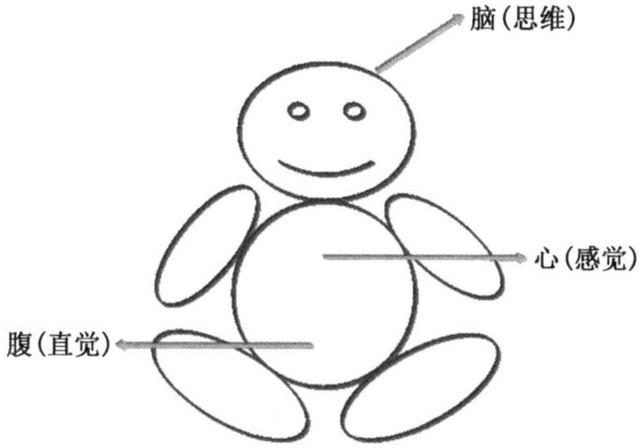


**图 5—6　人的三种感知功能**

二是展现了每种性格类型健康与不健康状态的情绪反应与行为特征，帮助我们辨识人的价值取向与健康状态，这有助于我们识别人的优缺点和改善方向。如图 5—7 是九型人格中 8 号性格的不同健康状态层级区分。

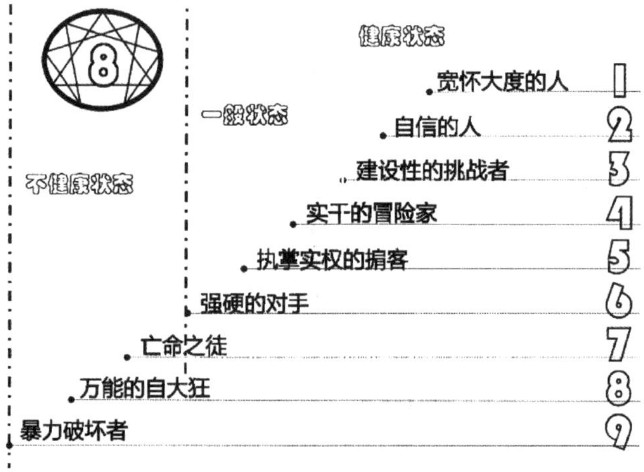


**图 5—7　九型人格 8 号性格健康状态区别图**

三是发现了性格变化和情绪调整的提升与压力方向，有助于我们正确地认识自己和他人的学习和提升的方向与方法，同时避免刺激自己和他人向不健康状态发展而产生连锁的恶性反应，引导人们向积极正面的方向发展。

九型人格把人的性格类型分为九个基础类型，分别是完美型、友爱型、成就型、感受型、思考型、忠诚型/怀疑型、活跃型、领导型与和平型（如图 5—8 所示），下面是对这九种性格类型特质的简要概述：

1. 完美型

(1)喜欢规范的、严谨的工作环境，讲求规范，工作责任心强。

(2)他们注重细节，做事认真，甚至较真，“鸡蛋里挑骨头”。

(3)喜欢争论、辩论，总认为自己的标准和观点是对的。

(4)害怕错误、爱生气、挑剔，爱抱怨。

(5)说话生硬、刺耳，不善于人际沟通。

(6)不敢冒险和创新。

2. 友爱型

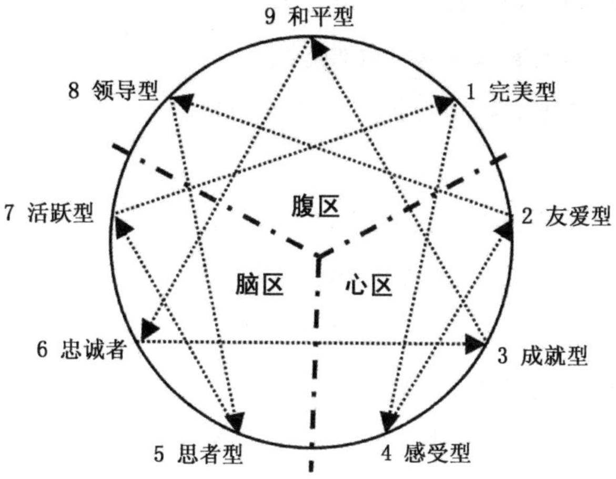


图 5—8　九型人格示意图

(1)体贴,有爱心,具有天生的奉献精神。

(2)感性,善于沟通和表达,具有良好的人际关系。

(3)缺乏自我和目标,或者说以乐于为他人付出而为荣。

(4)缺乏自信,不愿独立承担领导角色。

(5)付出希望得到认同。

(6)以爱索取,当付出得不到回报时,会抱怨、破坏。

3. 成就型

(1)追求成功,有强烈的目标感,自信、行动力强。

(2)精力充沛,喜欢竞争,工作狂,工作在家庭之上。

(3)重视事情,以自我为中心,随时改变规则。

(4)爱利用别人,视人为工具,忽视他人感受。

(5)自命不凡,工于心计,爱吹嘘,为成功不惜一切。

(6)喜欢报复,很容易背叛他人。

4. 感受型

(1)追求自我,喜欢保持个体的独特性,渴望别人认同。

(2)具有艺术才华,感受力强,有良好的创意能力。

(3)不喜欢枯燥无味、没有创造力的工作。

(4)感情脆弱、敏感，情绪无常，工作没有规律。

(5)只看到缺点，有被抛弃感和缺失感。

(6)困境时，会自责，自卑，情绪低落，甚至绝望。

5. 思考型

(1)喜欢学习，善于分析，适合研究、策划性工作。

(2)逻辑严密，条理清晰，关注细节，做事认真。

(3)喜欢深思熟虑才采取行动，缺乏行动力。

(4)比较内向，不愿表达，人际交往笨拙或不自然。

(5)沉醉于自己感兴趣的独立空间，容易脱离实际。

(6)逃避现实，精神紧张，愤世嫉俗。

6. 忠诚型/怀疑型

(1)勤奋、有责任心，忠诚稳重，尽忠职守，讨人喜欢。

(2)善于分析和思考，洞察他人动机，寻找潜在风险。

(3)易安于现状，不喜欢面对危机、分歧或转换新的环境。

(4)喜欢依附权威，如果没有授权，会迟疑不决。

(5)做事小心谨慎，优柔寡断，不轻易相信别人。

(6)缺乏安全感，多疑多虑，焦虑不安，甚至挑战权威。

7. 活跃型

(1)兴趣广泛、多才多艺，有创新能力。

(2)精力充沛，乐观积极，外向达观、机智诙谐。

(3)思维活跃，不喜欢常规工作，喜欢新鲜事物，但难以持之以恒。

(4)崇尚自由，避免约束，不愿承受压力，怕负面情绪。

(5)爱出风头，炫耀自己。

(6)沉迷欲望，喜欢吃喝玩乐，冲动，无节制。

8. 领导型

(1)霸气、自信，精力充沛，行动力强。

(2)追求权力，敢于竞争，希望占据支配地位。

(3)勇敢果断，直面挑战，能够在困难中进行决策。

(4)自视过高,主观,个人主义,不易接受他人意见。

(5)脾气暴躁,冲动、爱批评人。

(6)强权、专断,具有暴力倾向,喜欢报复。

9. 和平型

(1)平和、安静,喜好安详、舒适的人生。

(2)温和、友善,不喜欢冲突,重视和谐的人际关系。

(3)“和事佬”,不会拒绝,甚至迎合别人,阳奉阴违。

(4)忍耐力强,怕与人争斗,常常忽略自己的需求。

(5)没有目标,不知进取,做一天和尚撞一天钟。

(6)工作漫不经心,冷淡懒散,甚至麻木不仁,爱唠叨。

九型人格虽然比较复杂,但九型人格的实用性还是比较强的,值得大家在工作之余做一些阅读和参考。

性格测评和分析不是一个绝对的工具,人也不应该被标签化和固化,人的性格在成长的过程中,有不变的成分,也有变化的成分。我们了解一些性格分析的工具,一方面是帮助我们如何认识和理解别人,另一方面也是帮助我们如何认知和调整自己,并以此来进行人际交流和自我提升。

**(2)原力模型与潜能开发**

人作为一种生物机体,每个人天生的生物特征所携带的个性特征和能力特长是有一定差异的,这种差异,有的是功能方向上的差异,有的是能力水平的差异。

在孩子的教育过程中,我们经常提到要因材施教,其所表达的就是人与人之间在个体特质和能力特长上是有区别的,最好的教育是要做到因人制宜的教育与培养。

因材施教,有一个基本的问题和前提,就是要正确地辨识人的个性特征和能力特长,然后根据人的个性特征和能力特长进行有针对性的教育和培养。关于个性特征的测评和分析,我们在前面做了简要阐述,接下来我们探讨一下人的能力特长的测评和分析。

人的能力特长有两个层面的概念,一个是原能力,一个是现能力。如果用我们现有的语汇来表达的话,原能力就是我们常说的人的潜能,是人天生具备但并未被完全开发的能力。现能力就是我们已经具备的能力,即我们现有的胜任能力。

要提升人的胜任力,首先要能够正确地评估和判断人的原能力即潜能,如果一个人不具备被开发的某种潜能,我们即便投入再大的精力,也很难在短期内产生效果,甚至永远无法产生效果。用一句传统的俗语说我们不能"对牛弹琴",如前面我们提到的,我们不能面对一个失去视力的人,来教他如何提高视觉观察能力。再如,对一个以情感表达为主要特征的人来说,我们要让他提高思维分析和理性判断能力,也是非常困难的。

关于人的原能力模型和测评体系,我们在这方面的专业知识和研究成果还比较少,IQ、EQ 等智商、情商的测评,可能是其中的一些工具和方法,但目前还没有看到一种系统的方法来测量和分析人的潜能。

冰山模型和洋葱模型都属于胜任力测量与评价模型,不属于真正的人的原能力特长的模型和测量工具。

这里,我们可以做一种尝试性的分析,把人天生所具备的能力特征作为人的原能力特征,制作一种人的原能力模型,为了表达的方便,我们把它简称为人的原力模型,即用它来描述和评价人所具备的生命体自带的潜能。

原力模型(LACIM)包含学习能力(Learning)、行动能力(Action)、沟通能力(Communication)、创新能力(Innovation)、管理能力(Management),如表 5－2 所示。

学习、行动、沟通、创新与管理,这五种能力,是人的最基本的五大类别的原能力,在这五种能力中,每一种基本的能力类别又会有进一步的细分。

例如,人的学习能力,是指以人吸收和感知外部事物与资讯,并进行分析、加工和处理的能力,人的学习能力可以进一步细分为:阅读能力、观察能力、感知能力、聆听能力、思维能力、分析能力、理解能力、判断能力等,其中感知能力又分为情绪感知能力和直觉感知能力,思维能力又分的逻辑思维能力和形象思维能力等。

不同的人,感知和学习外部事物与资讯的方式、途径和能力不同。有的人善于通过阅读来学习和思考,有的人善于通过观察来学习、思考和描绘,有的人善于通过情绪的感知来感受和处理人的喜怒哀乐，有的人善于通过直觉的感知和判断来处理人际关系。这就有了学者、画家、音乐家和领导者之间的差别。

**表 5—2　　人的原力模型**

| 类别 | 一级能力 | 二级能力 | 三级能力 |
| --- | --- | --- | --- |
| 原力模型 | 学习能力 | 阅读能力 | |
| | | 观察能力 | |
| | | 感知能力 | 情绪感知与直觉感知 |
| | | 聆听能力 | |
| | | 思维能力 | 逻辑思维与形象思维 |
| | | 分析能力 | |
| | | 理解能力 | |
| | | 判断能力 | |
| | 行动能力 | 体力 | |
| | | 精力 | |
| | | 执行力 | |
| | | 意志力 | |
| | | 反应能力 | |
| | | 魄力 | |
| | 沟通能力 | 表达能力 | 口头、书面、肢体 |
| | | 影响力 | 思想、情绪 |
| | | 协作能力 | |
| | 创新能力 | 发现问题 | |
| | | 分析问题 | |
| | | 解决问题 | |
| | | 决策能力 | |
| | | 创意能力 | |
| | 管理能力 | 计划 | |
| | | 组织 | |
| | | 领导 | |
| | | 控制 | |
| | | 协调 | |
| | | 培养 | |

人的学习和感知外部事物的途径和方式不同，就产生了人的不同的学习能力和行为能力。因此，企业在选人、用人和育人的时候，除了需要根据人的胜任能力来选人、用人和育人外，也需要根据人的原力模型和潜能来选人、用人和育人。选择合适的、有潜力的人，发挥人的特长和优势，挖掘人的潜能。

对于原力模型的进一步研究和测量，还有待于我们在人类的进步和发展过程中不断地研究和探索，这项工作不是本书的专题内容，本书只能把它作为岗位员工的胜任能力评价体系的一个概念提出供读者参考。

**(3)综合素质与胜任能力测评(知识、技能、态度)**

员工的综合素质和胜任能力，是员工的个体特质(个性与原力)在成长过程中通过学习和社会实践所获得的知识、技能和态度。

员工的岗位胜任能力评价，是以员工在岗位的实际工作状态和工作成果为判断依据的，它不是对员工原力和潜能的测量，是对员工在岗工作的工作状态和工作成果的测量与综合评价。

岗位胜任能力，是员工的综合素质在岗位运营管理过程中所体现出来的胜任能力，我们结合企业的岗位运营管理的实践，整理和提炼了一套岗位胜任能力评价指标体系，作为企业开发任职资格和胜任能力评价体系的参考。

岗位胜任能力模型(OTCOT)，包含目标责任(Object)、技术创新(Technology)、客户开发(Client)、运营管理(Operation)和团队建设(Team)等五个部分，如表5—3所示。

**表5—3　　胜任能力模型**

| 能力类别 | | 概念与要求 | 评分标准 | 评价 |
|---|---|---|---|---|
| 目标绩效 | 1.结果导向 | 有明确的目标，并以达成目标为准则 | 0—4分 | |
| | 2.目标计划 | 工作的计划性与条理性 | 0—4分 | |
| | 3.成长路径 | 达成目标与提升能力的思路与方法 | 0—4分 | |
| | 4.责任意识 | 对组织与他人负有高度的责任感 | 0—4分 | |
| | 5.战略发展 | 具有并执行整体的、战略性发展思路与步骤 | 0—4分 | |
| 技术创新 | 6.专业知识 | 具有本行业相关专业知识 | 0—4分 | |
| | 7.相关经验 | 在本行业具有丰富的工作经验 | 0—4分 | |
| | 8.工作成果 | 在工作中取得突出的工作业绩与成果 | 0—4分 | |
| | 9.问题处理 | 能及时发现并处理各种困难与问题 | 0—4分 | |
| | 10.创新能力 | 不断优化技术、业务、流程并持续提升 | 0—4分 | |
| 客户开发 | 11.商业意识 | 具有敏锐的商业意识与市场化运作取向 | 0—4分 | |
| | 12.客户服务 | 满足和开发客户的意识、能力与结果 | 0—4分 | |
| | 13.市场开发 | 大力支持市场推广与系统性市场开发 | 0—4分 | |
| | 14.人脉交流 | 具有良好的沟通表达能力与人脉资源 | 0—4分 | |
| | 15.策划创意 | 形象化、品牌化与娱乐化的创新与推广 | 0—4分 | |

续表

| 能力类别 | | 概念与要求 | 评分标准 | 评价 |
|---|---|---|---|---|
| 运营管控 | 16. 运营思路 | 具有系统的经营与管理工作思路和措施 | 0—4 分 | |
| | 17. 绩效管理 | 积极运用目标绩效与考核激励措施 | 0—4 分 | |
| | 18. 流程规范 | 积极推动工作的制度化与流程化 | 0—4 分 | |
| | 19. 执行效率 | 高效的时间管理与严格的执行力度 | 0—4 分 | |
| | 20. 安全防范 | 人身、财产安全的意识与防范措施 | 0—4 分 | |
| 团队建设 | 21. 沟通表达 | 能有效地表达与沟通协调 | 0—4 分 | |
| | 22. 团队协作 | 服从并强化团队间的合作 | 0—4 分 | |
| | 23. 激励他人 | 在目标、情感、物质方面对他人的激励 | 0—4 分 | |
| | 24. 管理文化 | 规范、严谨、开放、积极的管理与导向 | 0—4 分 | |
| | 25. 组织发展 | 推动组织完善与发展 | 0—4 分 | |
| 个人素养 | 26. 道德信用 | 遵守道德、信用与社会公信力程度 | 0—4 分 | |
| | 27. 文明礼仪 | 具有良好的行为举止与形象礼仪 | 0—4 分 | |
| | 28. 正向思维 | 积极、正面思考与行动的心智模式 | 0—4 分 | |
| | 29. 积极进取 | 具有积极地提升和发展的意识与行动 | 0—4 分 | |
| | 30. 没有借口 | 工作中没有抱怨与借口，想办法解决 | 0—4 分 | |
| 综合评分 | | | 120 分 | |

当然，不同类型的企业和企业的不同岗位对员工胜任能力的素质要求不同，企业的各级管理人员或员工可以根据自身工作的需要，结合实际工作经验，构建适合本企业和本岗位的胜任能力模型，并不断地细化和量化岗位胜任能力指标体系。

**2. 实施员工岗位胜任能力的动态管理**

岗位胜任管理是业务管理和员工管理的专业基础，缺失岗位胜任管理的基础，企业的业务与管理就很容易偏离期望的目标和方向。不仅如此，企业的经营是一个动态的发展过程，企业的岗位胜任管理也需要在企业的发展过程中不断地优化和调整。也就是说：

一方面，尽管企业要拿出一套完整的岗位胜任能力评价体系还非常困难，投入的时间、精力和成本比较高，但推动岗位胜任管理的学习、借鉴、应用和提升，是非常有必要的。我们需要在企业的管理实践中不断地总结和提炼，逐步形成一套符合企业实际需要的岗位胜任能力评价体系和管理机制，并在这个过程中，培育和培养企业的专业管理的思维和习惯。

另一方面，员工的岗位任职，在企业的业务运营过程中是一个动态的过程，公司业务的变动和员工岗位的调整，都需要企业在员工的岗位胜任管理方面进行及时调整和动态管理。

(1)人岗匹配

企业在经营的过程中,随时都会面临市场环境、业务方向、经营计划、管理方式和组织架构的调整,这些业务与管理上的变化和调整,必然会引起岗位对员工的职业技能需求的变化,产生对员工岗位胜任能力的影响。

企业的管理者需要结合公司的业务发展和管理需求,定期对岗位的胜任资格要求、员工的岗位任职状况和人岗匹配状态进行评估,适时进行人岗匹配的动态调整。

(2)业务协同

在制订目标任务和工作计划的时候,如何保障目标任务和工作计划的实现,这是需要以员工的岗位胜任管理为基础的,如果不考虑员工的岗位胜任能力和状态,只是简单或强制性制订和落实目标任务和工作计划,最后的结果,很容易导致事与愿违。

无论是管理者还是员工,在制订目标和计划的时候,都要充分地考虑员工的胜任能力,并根据员工的胜任能力,对具体的工作事项和资源配置进行必要的筹划和安排,增加企业内部的协同与互动,以弥补员工个体能力的不足,消除员工胜任能力问题导致可能存在的负面影响,以此保障目标任务和工作计划的有效组织与实施。

例如,有一类销售人员销售能力很强,善于与人沟通和交流,很容易获得客户的认同并达成销售,但他们身上也有一些非常明显的不足,例如不喜欢做具体的、琐碎的工作。如果销售的产品是标准产品,没有什么售后服务,还可以;如果销售的产品不属于标准产品,需要在销售实施的过程中进行大量的产品设计、安装和维护等工作,这个过程中,这类销售人员可能就很不习惯或不喜欢这些后续的操作性工作。销售合同洽谈是顺利的、成功的,但到了实施阶段可能会出现很多问题和矛盾,最后造成销售人员与安装或售后服务人员之间的大量矛盾与分歧。对于这样的产品业务和销售人员的技能特征,企业就可能需要安排专业的售后服务人员协助销售人员来共同开展销售及售后服务工作。

**(3)改善提升**

假如一个员工的胜任能力只能达到岗位的 70%，那么这个员工一定会成为企业经营和内部管理的一块短板。如果在没有合适的人员替换的情况下，除了在日常工作过程安排其他的人员或资源进行业务协同之外，引导和培训员工进行自我改善提升，是必不可少的环节。

在岗位管理的过程中，无论是因为员工个人能力的不足所需要开展的改善提升，还是因为市场环境变化和企业发展需要所做的改善提升，都需要企业的管理人员和员工充分地认识到岗位的胜任管理不是固定不变的，而是需要在企业的经营过程中不断地进行优化调整和改善提升。

第六章

# 岗位的沟通执行管理

## 导言

岗位运营管理的第四大类工作是**控过程**，即**岗位的沟通执行管理**（见图6—1）。

无论是企业的管理者，还是员工，在履行岗位职责和实施工作计划的过程中，都需要不断提高岗位执行的有效性，并不断强化执行的过程管控，保障岗位的工作职责和目标任务的有效执行。

### 1. 核心理念

岗位的沟通执行，需要**引导管理者和员工建立“合作共赢”的职业理念和工作方式。**

俗话说，三分决策，七分执行。执行力不是天生的，而是后天培养的，执行力也不是员工自发的，而是组织创造出来的。

企业的任何工作都是在指导与协作的过程中完成的，无论是上下级之间、同级之间还是与客户之间。在执行的过程中，对效率和质量影响最大的是人与人之间是否能达成共识与协作关系。

企业作为一个商业组织，是由不同的部门和岗位分工协作的一个整体。分工是企业提高劳动效率和提升组织能力最重要的生产与组织方式。

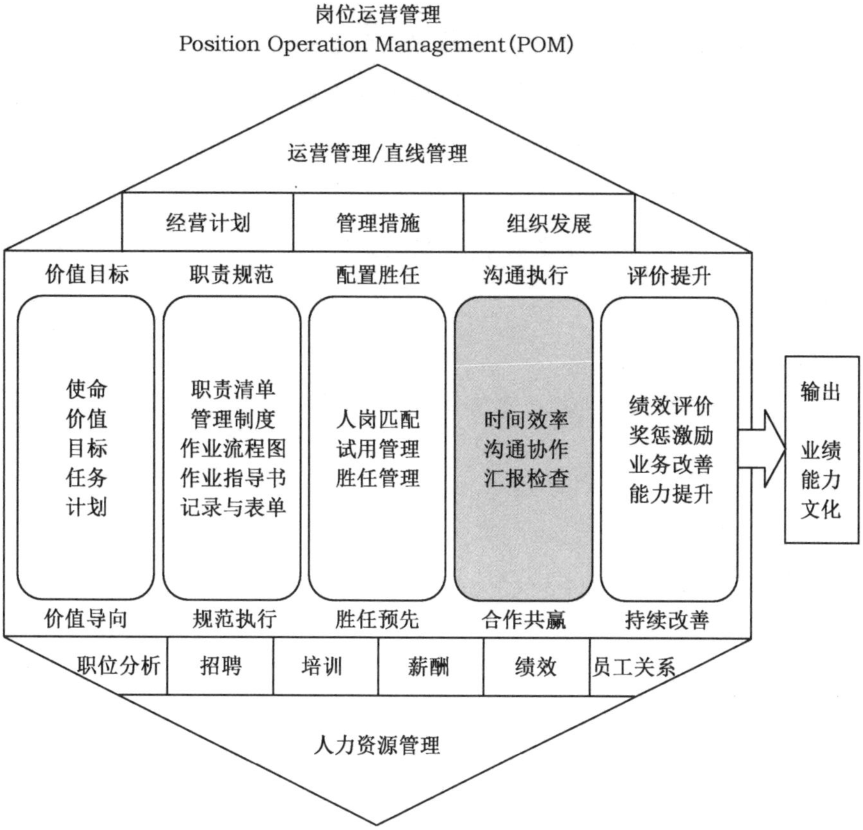


**图 6—1　沟通执行管理在岗位运营管理中的位置**

在《国富论》里，亚当·斯密在开篇第一章就提出分工是劳动效率提高的主要原因，是市场经济的重要的生产组织方式。

分工的基础是要有合作，没有合作，就没有分工，就没有企业的效率和存在的价值。

分工是以企业的效率最优为目标的，但在分工的过程中，必然会产生部门与部门之间、岗位与岗位之间工作的角色、职责、目标、利益以及其他关切事项之间的差异。

分工是企业自上而下的组织行为，是容易组织和实施的，但分工之后执行过程中，则需要全方位、多角度和相互之间的沟通与协作。在这个过程中，企业内部的不同部门之间和不同岗位之间，很容易产生部门与部门之间、岗位与岗位之间的矛盾、分歧和利益冲突，影响企业内部的分工与协作。

在企业内部，无论是部门还是岗位，都不是真正意义上的独立的主体，它们都是企业的一个组成单元，承担企业中的某种角色，履行相关的工作职责。在企业内部的分工协作过程中，任何环节的沟通与协作产生矛盾、分歧和断裂，都会直接影响企业的工作效率，并因此影响个人、部门乃至企业的工作质量、工作效率甚至生存状态。

**2. 管理内容**

沟通执行管理的内容包括三个方面，分别是时间效率、沟通协作和汇报检查。

# 一、时间效率

利用时间管理工具，优化执行效率管理

岗位沟通执行管理的第一项工作是时间效率管理。

**(一)时间效率管理**

效率可以分为两个层面，一个是快，一个是好。从快的层面讲，属于时间管理的范畴，我们称之为时间效率；从好的层面讲，属于质量管理的范畴，我们称之为质量效率。

时间效率，主要是指充分利用时间管理工具与方法，及时、准时地完成工作计划与目标任务，分清工作主次，提高时间利用效率和劳动生产率。时间效率是执行过程中需要不断优化、完善和控制的执行要素。

当然，效率不仅包含时间效率，也包含物质材料的使用效率，比如能耗的使用效率、材料的使用效率，用更少或最小的物质材料创造更高品质、更低成本的产品或服务。通过技术创新获得的更高品质和更低成本的产品和服务，我们把它归属于质量效率管理的范畴。

本节内容主要是探讨时间效率管理工作。

**(二)时间效率管理的功能**

在执行过程中重视时间效率的管理，主要起到以下几个方面的功能和作用：

**1. 及时有效地完成工作**

时间效率管理，首要的作用和功能，是保障及时、准确、有效地履行岗位职责和工作计划，达成工作的目标任务，提高工作效率和质量，避免工作拖延和效率低下。

**2. 做好客户服务，提高客户满意度**

工作效率的高低，直接影响到企业对客户的服务效率和服务质量，影响客户对企业的认同和满意度。即便看似与客户没有直接关联的部门，其工作效率的高低最终也都会反映到企业向客户提供的产品和服务上。

**3. 提升企业的竞争能力，满足市场竞争的需要**

时间就是金钱，效率就是生命，这是企业在市场竞争环境下成功与失败的关键因素之一。

时间效率，直接影响和决定了企业或员工在单位时间内的劳动生产率。尽管中国的经济总量已经达到了世界第二的水平，但中国的人均劳动生产率与发达国家之间仍然存在巨大的差异，中国的劳动生产率只有美国的六分之一，德国的五分之一，日本的三分之一。中国经济要达到发达国家的水平，首先需要不断提升中国企业的劳动生产率，以达到或超过发达国家的水平，从而提升中国企业的竞争实力和生存能力。

**4. 克服和解决员工个体在执行层面上的差异**

在企业的执行过程中，产生时间效率差异的最主要的原因有时不是技术和方法问题，而是员工个体的思维意识和行为特征上的差异。

某公司的人力行政负责人，是一个和平型性格类型的管理者，性格温和、不急不躁，很少与人发生争执和冲突。他每天忙于日常的各种具体和紧急的琐事之中，但经常对总经理和各部门提出的一些工作要求和需求，很难做到有重点地和有条理地进行组织、安排和落实，大家看着都很着急，但他仍然不紧不慢地处理着他认为很重要的手头上的工作。

在现实社会中，有的人性格急躁，有的人性格温和，有的人时间观念很强，有的人缺乏时间观念，无论是普通员工，还是管理人员，都可能存在这类现象。如果没有执行过程中的时间效率管理与控制的统一的规范和标准，不同的管理者和不同的员工在执行过程中就会产生极大的差异，难以形成上下一致、前后连贯的工作规范与执行标准。

### (三)时间效率管理的方法与应用

不同的员工在执行过程中所表现出来的个性特征、时间效率和工作状态是有巨大的差异的,因此,对于岗位执行的管理,既要有统一的标准和方法,同时也要考虑不同员工个性差异和能力差别在工作计划执行过程中所需要采取的不同管理措施。

控制和提高时间效率,有三个方面值得关注:一是工作计划的安排,二是抓住工作重点持之以恒地推进各项工作有序开展,三是养成马上行动或按时行动的习惯。

#### 1. 工作计划表

关于工作计划的制订,我们在第三章的计划部分对于如何制订充分的、有保障性的计划做了一部分阐述,这里补充的有两个方面:

**一是养成依据职责清单制订工作计划的习惯**。在第四章的职责清单部分,我们提到,职责清单详细地列举了岗位的工作职责和工作任务,并且对工作职责和工作任务执行的时间做了具体的安排。职责清单是制订工作计划的重要依据,员工每年、每季度、每月、每周都可以依据职责清单来制订年度的、季度的、月的和周的工作计划表,这有助于避免岗位职责和工作任务的遗漏或遗忘。

**二是养成制订工作计划并按工作计划执行工作的习惯**。制订工作计划,一方面有助于企业内部形成统一的工作安排和组织协调,明确工作的时间与效率要求;另一方面,也有助于员工按计划要求开展工作,避免个人意识和习惯的影响,造成工作在时间效率上的偏差。

工作计划,包括年度计划、季度计划、月度计划、周计划和日计划,不同的时间对计划的内容和格式要求不一。表 6－1、表 6－2 是月度工作计划表和周工作计划表的一种通用格式,可供参考。无论是月度工作计划表还是周工作计划表,计划项目一栏,都可以按照职责清单的一到三级职责进行梳理。

**表 6－1　　　　　　　　　　　　月度工作计划表**

| 20　年第　月度工作计划与总结 | | | | | | |
|---|---|---|---|---|---|---|
| 工作职责 | | 目标与任务 | 措施与需求 | 计划完成时间 | 完成状态与差异 | 下一步计划与措施 |
| 一级职责 | 二级职责 | | | | | |
| | | | | | | |
| | | | | | | |
| | | | | | | |
| | | | | | | |
| | | | | | | |
| | | | | | | |
| | | | | | | |
| | | | | | | |
| | | | | | | |
| | | | | | | |
| | | | | | | |
| | | | | | | |
| | | | | | | |
| | | | | | | |
| | | | | | | |
| | | | | | | |
| | | | | | | |
| | | | | | | |
| 合计 | | | | | | |

### 2. 关注工作重点，分清工作主次

在时间管理的技巧方面，有一个经典的管理工具，就是关于工作重要程度的四象限划分方法，如图 6－2 所示。

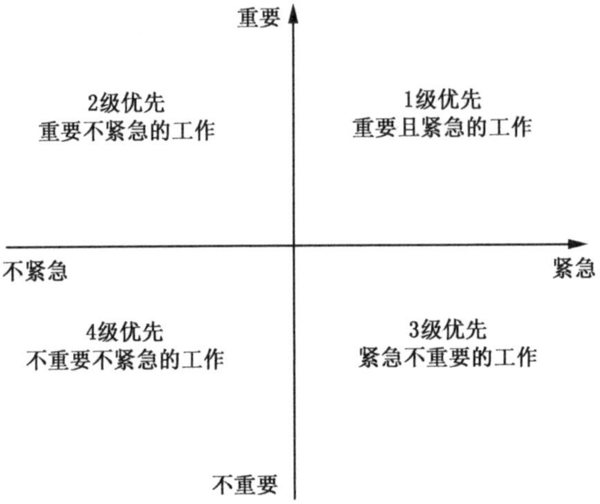


**图 6－2　时间管理象限**

表 6–2

**周工作计划表**

第　周（　月　日至　月　日）工作计划

姓名：　　　　岗位：　　　　部门：

| 工作职责与事项 | | 本周计划 | 周一 | 周二 | 周三 | 周四 | 周五 | 周六 | 周日 |
|---|---|---|---|---|---|---|---|---|---|
| 二级职责 | 三级职责 | | 记事栏 | | | | | | |
| | | | | | | | | | |
| | | | | | | | | | |
| | | | | | | | | | |
| | | | | | | | | | |
| | | | | | | | | | |
| | | | | | | | | | |
| | | | | | | | | | |
| | | | | | | | | | |
| | | | | | | | | | |
| | | | | | | | | | |
| | | | 计划与实施 | | | | | | |
| | | | 8 | 8 | 8 | 8 | 8 | 8 | 8 |
| | | | 9 | 9 | 9 | 9 | 9 | 9 | 9 |
| | | | 10 | 10 | 10 | 10 | 10 | 10 | 10 |
| | | | 11 | 11 | 11 | 11 | 11 | 11 | 11 |
| | | | 12 | 12 | 12 | 12 | 12 | 12 | 12 |
| | | | 13 | 13 | 13 | 13 | 13 | 13 | 13 |
| | | | 14 | 14 | 14 | 14 | 14 | 14 | 14 |
| | | | 15 | 15 | 15 | 15 | 15 | 15 | 15 |
| | | | 16 | 16 | 16 | 16 | 16 | 16 | 16 |
| | | | 17 | 17 | 17 | 17 | 17 | 17 | 17 |
| | | | 18 | 18 | 18 | 18 | 18 | 18 | 18 |
| | | | 19 | 19 | 19 | 19 | 19 | 19 | 19 |
| | | | 20 | 20 | 20 | 20 | 20 | 20 | 20 |
| 工作类别 | 重要紧急：红色<br>重要不紧急：蓝色<br>紧急不重要：绿色<br>不紧急不重要：黑色 | 任务完成：√<br>任务延期：→<br>任务授权：▼<br>任务取消：× | 晚上 | 晚上 | 晚上 | 晚上 | 晚上 | 晚上 | 晚上 |

关于时间管理的四个象限划分，以及把工作分为四种类别来划分重要程度并进行时间排序，这方面相关的材料很多，这里不再详细阐述。

本书需要补充的内容是，如何结合岗位运营管理的体系和方法，来区分和界定工作的重要和紧急程度，便于管理者和员工在制订与实施工作计划时，能够快速地做出区分和安排。

关于岗位运营管理的目标和职责，在本书第三章价值目标管理和第四章职责规范管理，分别提到了岗位的使命、价值、目标、任务、计划，以及岗位的职责清单、管理制度和作业指导书。根据岗位运营管理价值目标管理和职责规范管理的内容，我们可以把岗位工作分为三个层次：

**第一个层次的工作，是岗位的使命与价值所界定的工作**，这类属于企业长期战略发展规划性的工作，包括岗位的使命与价值和岗位的职责与规范等。

**第二个层次的工作，是岗位的目标与任务**，这类工作属于企业短期或阶段性经营目标与管理措施，包括与当期经营与管理目标相对应的工作目标、工作任务和工作计划等。

**第三个层次的工作，是工作计划与职责清单所列的其他日常事务性工作。**

根据上述的工作内容的分类，可以帮助我们对岗位的工作进行适当的紧急与重要程度的区分：

**(1)哪些是重要而不紧急的工作**

所谓重要而不紧急的工作，是指影响企业未来发展方向和发展趋势的工作，这些工作虽然不是当下需要马上就去处理的工作，但对企业未来发展的方向和经营的质量具有重要的影响，因此，属于重要而不紧急的工作。

哪些工作影响企业未来的发展方向和经营质量呢？主要是由岗位的使命和价值分解出来的工作，属于重要而不紧急的工作，这类工作包括市场研究、战略规划、产品研发、经营计划、管理制度、作业规范、能力培养等。这类工作是我们工作的方向、标准和能力，这些工作看上去不重要、不紧急，但实际上是非常重要的工作，因为它们界定和明确了我们的工作方向和执行的标准，引导我们履行岗位使命、创造岗位价值。俗话说，“没有远虑，必有近忧”，时间如白驹过隙，没有充分的筹划和准备，就会容易导致应对无方和手忙脚乱。

**(2)哪些是重要而紧急的工作**

重要而紧急的工作，是指根据岗位工作职责和企业经营计划所界定的阶段性运营目标和工作任务。岗位运营目标和工作任务，是规定期限内需要达到和实现的工作，岗位运营目标和工作任务的完成情况，直接影响和决定了岗位的工作绩效和企业的经营成果。

所有的目标，都是有时间限制的，错过了时间，我们就失去了完成目标、创造价值的机会，因此，岗位的运营目标以及由运营目标分解出来的各项工作任务是岗位重要而紧急的工作，需要岗位员工在限定的时间内加以实施并完成。

**(3)什么是不重要且不紧急的工作**

不重要且不紧急的工作分为两类，一类是职责清单和作业指导书中所列的常规性、事务性的工作，另一类是没有纳入职责清单的与工作关联度不高的工作。

对于职责清单和作业指导书中所列的常规性、事务性的工作，如果我们每月按照规定的时间和工作计划去实施与完成，那么它们就可以归属在不重要且不紧急的工作类别中，按计划完成。当然，这类工作也可以通过进一步授权或任务分解，划转给更低级别的岗位去实施。

对于没有纳入职责清单的与工作关联度不高的工作，如果不产生工作价值，我们也可以纳入不重要且不紧急的工作。这类工作，也可以视重要程度，做进一步的取舍和安排，或划转给低级别的岗位去实施。

**(4)什么是不重要但紧急的工作**

在工作中，出现不重要但紧急的工作，一类是由领导或其他岗位员工提出的一些临时性、非重要的工作需求，另一类是由职责清单和作业指导书中所涉及的不重要且不紧急的工作拖延而造成的结果。

职责清单和作业指导书中所列的常规性和事务性的工作，如果没有按照规定的时间提前或及时进行处理和安排，就会被拖延到截止时间内需要马上去处理的工作。例如，人事部门每月 15 日之前需要进行个税申报，这项工作可以在月初的 1—15 日之间任何一个空闲的时间完成，如果没有提前办理，到了 15 日当天，就成了一项必须紧急完成的任务。

在上述四类工作中，我们经常会出现一些认知和判断上的偏差，影响我们工作的效率和质量：

**一是重业务轻管理，或者说重工作任务而轻工作方法。**

通常情况下，我们会认为业务工作直接关联到工作的目标与任务，影响工作的绩效和成果，因此，业务工作是重要目紧急的工作。而管理或管理体系建设，需要花费很多的时间，并且并不直接产生工作业绩和工作成果，因为管理虽然很重要，但很多时候看上去并不像抓业务工作那样能快速见效，相当一部分管理人员倾向于管理工作能往后拖一拖就尽量往后拖一拖，管理投入能省一点就尽量省一点。

中国的企业愿意投入1 000万元用于购买机器设备，不断地扩大生产或再生产，但不愿意多花一天的时间或1万元培训费用，用于员工操作技能的精确培训。我们普遍有一种感受，就是投资于机器设备是业务需要，是投入产出和扩大再生产，而投资于员工培训则是管理行为，是一种成本浪费，能节省和简化尽量节省简化。这种经营理念和管理思维，严重影响了员工的工作效率和工作质量。

管理人员和员工对于工作的理解也存在同样的现象，生产主管每天在现场指挥着新老员工的生产计划安排、生产操作要领和安全注意事项，但不愿意花时间去制订一份详细的作业指导书和安全行为规范，然后有针对性地培训每一个员工的生产作业行为，他们总认为自己忙得没有时间去做这些文字材料，或者认为制订制度或增加培训的时间会造成人工成本的大量浪费。

**没有规范管理的业务工作，会导致工作的质量和效率严重偏离工作的目标与计划，管理人员和员工会因此陷入现场无休止的改善和应急工作之中，无暇顾及管理体系和管理团队的建设，看上去每天都在处理重要且紧急的工作，实际上是因为没有安排好重要且不紧急的管理工作，而导致出现重要而紧急的业务工作，将员工、团队甚至整个企业陷入经营的压力和管理的困境之中。**

**二是忙于工作任务，偏离价值目标。**

相当一部分管理者和员工在工作中容易陷入工作职责和工作任务，而偏离了岗位价值和运营目标，抓不住工作的重点和本质。特别是职能或技术类的岗位，很容易陷入职责清单和作业指导书所规定的工作任务和工作事务中，把职责清单和作业指导书中所规定的原本不重要且不紧急的日常事务性工作，日积月累变成了大量不重要但紧急的工作，当这些工作变成每天必须完成的任务时，就给管理者和员工造成一种错觉，认为自己每天都在处理重要且紧急的工作，但实际上工作的目标和方向已经远远偏离了岗位价值和运营目标，陷入大量的无效的或无价值的工作。

**3. 马上行动，克服拖延与个性差异**

员工在时间管理方面做得不好，一部分原因是因为缺少方法和经验，还有一部分是因为个性因素造成的。

马上行动或按时行动，这并不是每个人都具备的行为习惯和个性特征，对于不具备马上行动和按时间行动的人来说，时间管理，其实不只是方法问题，而是个性问题，是时间观念或行为习惯的问题。

因时间观念或行为习惯而引起的时间管理问题，主要有两种现象：

**(1)第一种现象是拖延。**

拖延是一种比较常见的个体现象，比较严重的甚至会产生我们常说的拖延症或者心理疾病。什么会导致人们产生拖延的现象或拖延症呢？从心理学的角度，可能有两方面的因素影响：

**一类因素是恐惧或担心**。有一些人容易产生恐惧或担心的心理，担心给出的工作任务、计划或措施，在实施上会遇到困难和障碍，这种困难和障碍，有可能是能力问题、有可能是信用问题、有可能是法律问题、有可能是道德问题、有可能是条件问题、有可能是面子问题等等不一而足，反正会因担心而不愿实施、不想实施、不敢实施，但又不好拒绝，就产生了以拖延的方式来面对和处理工作。

对于因恐惧或担心而产生拖延症的员工，我们需要引导员工克服恐惧心理、消除各种顾虑，如同电视剧《亮剑》里所倡导的精神，“狭路相逢，勇者胜”。再好的决策和计划，没有执行就没有结果，只要决策了就要强力执行，正所谓，二流的执行胜过一流的计划。

**另一类因素是无所谓**。有些员工对公司的认同感不高或者对自己的追求欲望不高，对待工作漫不经心、无所谓。对这类员工要解决企业文化和目标激励问题，引导员工增加责任感和使命感，强化员工自我发展的意识，正确对待和履行工作，当然在必要的时候，企业也可以做出适时的人员调整。

**(2)第二种现象是没有时间观念，容易被情绪或情感所影响或干扰。**

有一类人在日常工作和生活中，对时间的认知和感觉不强，做事情容易受到情绪或情感因素的影响。

比如，容易情绪化的员工，原本给自己的工作做了详细的规划和安排，并且也全力以赴地组织实施，但在执行过程中，因为与他人发生矛盾和冲突，就会产生强烈的消极情绪，当这种消极情绪不断扩大后，他关注的重点就不再是工作计划和工作事项，而转向他情绪所及的事情。

另外，有些情感交流型的人，不是因为情绪波动或受到刺激而失去做事的计划性，而是因为情感的转移而失去对原有工作计划和时间的关注。比如，当一个有爱心的人，遇到朋友或他感兴趣或感动的事情时，他的情感和关注对象就转移到新的对象上面，而忘记时间和原先的工作安排。

对于因拖延症或缺乏时间观念影响时间效率的员工，无论是员工本人还是管理人员，都需要有针对性地采取相应措施：一是根据员工个体的心理特征和心理需求，做必要的心理疏导，帮助员工调整心态，化解员工个性的心理影响因素。二是可以通过工作计划和过程管控来及时跟踪和引导员工推进和落实相关的工作任务。三是根据员工的个性特征和能力特长做一些必要的岗位的优化和调整。

# 二、沟通协作

建立结果导向型沟通方式与协作机制，促进组织的合作共赢

岗位沟通执行管理的第二项工作是沟通协作管理。

**(一)沟通协作管理**

沟通与协作，是企业内部最核心、最重要也是最困难的工作。可以说沟通与协作贯穿于企业经营与管理的全部过程与每个环节，一个企业沟通与协作的状态与结果，最终决定了这个企业经营的状态与发展的成败。

企业是通过分工组建的商业机构，企业里的每一个岗位、每一个员工都只在企业当中承担某一种角色和发挥某一部分功能，企业内部任何一个岗位员工，都是在上下级之间或平级之间，通过沟通与协作来履行岗位的职责、达成经营的目标。

沟通协作虽然不是企业经营工作的目标，但沟通协作是组织和实施企业经营工作的途径和方式。在企业内部，任何目标计划和管理措施都是通过员工与员工之间的沟通与协作来实现的，因此，沟通与协作对企业的影响是非常巨大的。

在我们现有的企业管理理论和管理体系中，对沟通协作的定位，通常是把它作为员工个体的行为特征和沟通技巧来对待，除了少数企业会安排一些沟通技巧类培训来影响员工的工作行为外，绝大多数企业都还没有把员工的沟通与协作作为公司的一项重要的工作内容来加以组织和管理。

**把沟通协作作为一项管理工作，纳入企业的管理体系，这可能是企业管理研究需要进一步创新和发展的趋势。**

**(二)沟通协作管理的功能**

为什么说沟通与协作如此重要？我们来看一下，沟通与协作对企业日常经营

与管理的影响。

1. 达成共识

爆发于2019至2020年岁末年初的一场疫情，最后演变成全球大流行的一场人类的大灾难，这不仅仅只是因为超级病毒难以控制的问题，而是演变成了一个国家乃至全球是否能形成共识并合作抗疫的问题。

在中国武汉，最早人们对病毒和疫情认识不足，产生了对疫情的判断和重视程度不足的问题，并因此而出现新冠肺炎疫情在武汉的大流行，并在春节期间迅速向全国漫延。

幸运的是，在中国很快达成了控制新冠肺炎疫情传播的认知和共识，全国31个省市在二三天内全部启动一级防疫响应，人们停止拜年、减少出门、停工停学，很快疫情在武汉和全国得到控制，不到两个月的时间，全国逐步恢复生产和生活秩序。

但遗憾的是，新冠肺炎疫情在全球漫延，并且各个国家对疫情控制的理解和措施大相径庭，国与国之间、国内不同政治与社会团体之间，在对疫情的认识和抗疫的措施方面，各持不同意见，全球疫情持续扩展和漫延，疫情对经济的影响没有得到有效的控制，全球出现自1929年以来最大的经济下滑。

全球共识影响全球战略的发展和国际关系的演变。企业共识也影响和决定了企业的战略发展和经营状态，共识成本是企业最大的经营成本。

沟通的首要任务是达成共识，在企业内部形成在目标、政策、方法、措施上的统一的意见和共识，这样才能促进彼此之间或团队内部的协作。

2. 促进协作

沟通的目的是为了形成共识、达成一致的行动，促进企业内部协调一致的行动。

在第一章我们提到，组织的岗位漏斗现象，$1+1\geqslant 2$还是$1+1<2$，主要取决于团队之间的协作关系。

企业的研发、生产和销售，是三个非常重要的部门，他们的共同努力，使企业超越竞争对象，实现对客户的产品与服务的销售，为企业创造市场价值和发展空间。

不过，企业的研发部门、生产部门和销售部门之间也是最容易产生矛盾和分歧的三个部门，生产部门指责研发部门的产品研发不好，销售部门指责生产部门的产品质量不好，研发部门指责销售部门的销售能力不足。当企业的研发、生产和销售之间产生意见分歧和相互指责时，他们之间的协作就会大幅下降，各自陷入本部门的利益和工作思维之中，缺乏研发、生产和销售之间的协作，企业就会失去客户的认同和组织的合力。

**3. 提高效能**

**俗话说“二人同心，其利断金”，企业内部的沟通与协作关系，直接影响着员工的工作效率和企业的组织效能。**

我们知道，绩效管理是企业非常重要的管理工作，绩效管理工作做得好，会极大地调动员工工作的积极性，但如果绩效管理工作做得不好，反过来会极大地影响员工的积极性。华为之所以成功，与华为所倡导和推行的“力出一孔”的绩效管理有着密切的联系。

一个企业，能否做好绩效管理工作，与三个环节的沟通有关，第一个环节是老板与 HR 的沟通，探讨和明确绩效管理的目标、功能和方法；第二个环节是 HR 与用人部门负责人之间的沟通，探讨实施绩效管理工作的职责、方法和步骤；第三个环节是管理人员与员工之间的沟通，探讨绩效目标、绩效评价方式、绩效结果的应用以及绩效改善的方法。

企业负责绩效管理工作的 HR 在构建企业的绩效管理体系的时候对绩效管理工作的理解，以及在推行绩效管理过程中的沟通，对绩效管理体系建设的影响是非常大的。好的理解和沟通，不仅仅能够促进公司绩效管理体系的建设，还可以通过绩效管理来调动员工的积极性和提升企业的组织效能。

**从经济学的角度看，企业取得市场交易成本优势，在于创造企业内部的成本优势。沟通与协作，可以大大提高企业内部生产组织能力，提高工作效率和劳动生产率，降低内部消耗，取得内部生产效率优势。**

**4. 构建团队**

2020 年以来，在企业高层出现“会议室大战”有广泛报道的已经发生了多起，首先是武汉某网商平台发生前董事长带着“六名大汉抢公章”，紧接着是某比特币企业发生“六十名大汉抢营业执照”事件，5 月 28 日合肥一家科技上市公司总部爆发一次公司与股东之间的肢体冲突，以至于双方报警。

从六名大汉抢公章到六十名大汉抢营业执照，再到上市公司与股东之间集体互殴，企业高层在沟通协作上的冲突愈演愈烈，这势必影响企业内部的团队建设。

无论是企业的创业、运营还是团队建设都是非常艰辛和困难的工作，如果在团队内部达不成共识，必然影响团队的协作，同时更影响团队的建设。对于企业的创始团队和董事会是如此，对于企业的基层管理团队和业务团队也同样如此。

**(三)沟通协作管理的方式与应用**

企业的运营效率，在很大程度上受制于内部岗位与岗位之间、部门与部门之间的沟通与协作的关系。

我们都听说过这样一种说法：“中国人一个人是条龙，三个人是条虫。”虽然这种说法不一定正确，但既然有这种说法，至少说明在一些人之间存在某种沟通协作的不足。

比如，中国足球，无法和欧洲的足球一比高低，可以理解为与亚洲人和欧美人之间的身体特征有关，但中国足球走不出亚洲，无法超越韩国和日本，这一定不是体能的问题，这个可能与团队的协作和球员的敬业精神有关。

我们所有的企业都希望做到团队和企业的 $1+1\geqslant 2$，但在企业的实践运营过程中，会出现 $1+1<2$ 的现象。

组织效能的降低，一个重要的问题就是沟通与协作的问题。

那么，我们如何在岗位运营管理的过程中，来改进和提升员工的沟通与协作关系，促进企业和组织的合作与效能提升呢?

**1. 沟通**

我们来看一下，下面这张关于沟通的反应模式图(见图 6—3)。

沟通有三个环节，一是沟通方式与情绪的传递，二是目标与任务的传达和确认，三是观念认知与利益的认同。

**(1)情绪的沟通：沟通方式与情绪处理**

在和平社会，伤人最深的是语言。

在企业内部，管理人员或员工可能会认为提出工作需求和安排工作任务，对

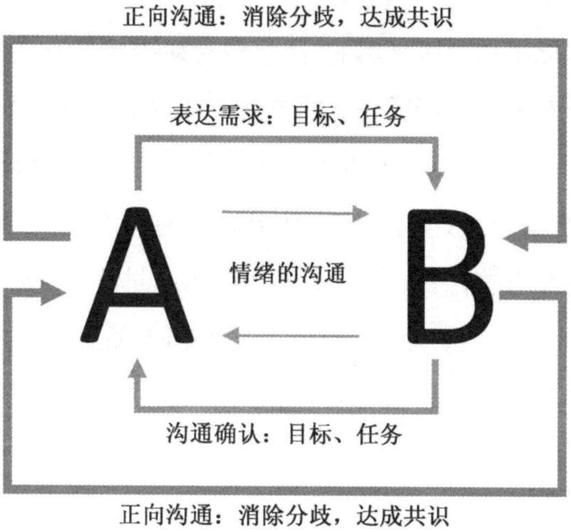


**图 6—3　沟通的反应模式**

方接受工作要求和工作指令，是理所应当的事情，因此，在工作的过程中，我们最容易忽视沟通的表达方式和对方的情绪状态。

在工作的沟通中，工作指令或工作需求的表达者，想得最多的是您把我所需要或安排的事情干了，不太会关注对方的工作状态、心情、利益，这种心态和模式下的沟通是非常容易造成矛盾和隔阂的。

在图 6—3 的沟通反应模式中，我们可以看出，沟通的第一要务是情绪的沟通和情感上的接纳。

企业里，有一些员工在向领导汇报工作前，先要了解一下领导今天的心情如何。如果今天领导高兴，在领导高兴的时候去汇报工作，很容易获得领导的支持或理解；如果领导不高兴，就尽量避免向领导汇报工作，因为在领导不高兴的时候，汇报工作很有可能会被领导批评。

在沟通过程中，要获得对方在情绪上的认同和情感上的接纳，需要注意两个方面的工作：

**一是尊重对方**。无论是上级、平级或下级，我们都需要尊重对方。虽然在企业里，每个人都在不同的岗位和扮演不同的角色，并且这些岗位和角色有高低和先后之分，但作为员工个体，每个人的人格都是平等的，表达尊重，既是礼仪，也是一种修养。我们不能因为工作是公司的,我们在履行公司的工作,就认为对方接受工作要求或工作指令是理所当然的,而忽略对对方情绪和情感的关注和尊重。

**二是理解每个人情绪和情感表达的方式。**人是有个体差异的,不同的人情绪反应和表达方式有明显的区别,有些人脾气暴躁,一开口就可能会引起情绪的强烈反应;有些人性情温和,您说了半天,他可能没有什么反应;有些人喜欢直接表达、直叙胸臆;有些人内敛含蓄、表达委婉。在沟通过程中,需要学会理解人的个性差别,尽量避免把个性上的差异,理解为态度和人品上的好坏。一旦我们把个性上的差异理解为态度和人品问题时,沟通就失去了情感的基础,就会伤害或破坏工作上的沟通与协作。

**(2)表达需求与沟通确认:目标与任务**

沟通的第二步,是准确地表达工作的需求或指令,即工作的目标、任务以及所需要的政策、资源和所要采取的措施、方法,并确认对方是否准确地了解并理解相关信息。

在这个过程中,需要关注的有两个问题:

**一是表达的内容和信息,是否是我们想要表达的意图和要求。**表达工作的需求、指令、任务和目标,最好的途径是以书面的方式进行表达和确认。在进行书面描述的过程中,我们可以比较清晰地理解和判断,表达的内容和方式是否符合和准确描述了自己的期望和要求。当然,如果是在口头表达时,更需要条理清晰、准确地表达工作的需求或指令。

**二是要确认对方是否完整地听到并理解我们表达的内容和信息。**

有一种驿站传书的拓展游戏,当一个信息被一组人一对一地进行表达和传递时,到最后一个接收到这个信息的人来表述他所接收到的信息时,他表达出来的信息内容可能与第一个人所传递信息之间产生巨大的差异和偏离。这样的游戏告诉我们,信息在传递和接受的过程中,会出现信息的偏差,这种偏差并不一定是有意造成的,很多时候是由于接受和理解的原因造成的偏差。

因此,在表达和传递工作需求与工作指令的时候,一定不能只关注自己的表达,同时要确认对方是否已经完整地接收和理解我们要传递的工作信息。

**(3)消除分歧,达成共识:观念认知与利益认同**

人际沟通还存在一个关键的因素和障碍,就是观念认知的差异以及彼此之间利益关切的不同。不同岗位员工对工作的认知和理解不同,对利益的关注和需求也不同。无论是员工还是管理者,在发起工作沟通与协作的需求时,需要考虑对方对工作的认知和理解,以及对利益的关注和需求。

比如,生产车间的人员编制和人工成本管理,公司的人力资源部门希望与车间主管进行沟通和探讨人员编制缩减和人工成本控制的方式,但人员编制缩减极有可能会影响到车间的生产组织和生产保障,包括人员优化也会涉及个别或部分员工的员工关系问题。因此,人力资源部门可能希望探讨能不能进行编制缩减和如何进行编制缩减,但车间主管可能会想着要不要进行编制缩减,同不同意进行编制缩减。这样就产生了在人员编制缩减和人工成本控制方面的观念和利益上的分歧。

**2. 协作**

有分工就必须有协作。企业是以分工的方式组织和安排生产经营活动的,企业在分工之后,能否做到有序地组织协作,这是保障达成经营目标的一个重要环节。企业有分工的组织与安排,同样也需要有协作的组织与管理。

在企业内部,组织架构设计和岗位设置,以及经营计划的制订和分解,都属于分工管理的具体措施,但对于如何进行工作协作,从具体的管理措施和管理手段来看,目前的绝大多数企业还缺乏相关的管理职责和管理措施的界定,虽然管理制度和工作流程图对于工作的分工和协作关系有一定的界定,但本质上,仍然属于分工的管理,而非协作的管理。

企业,只有能够形成良性协作,才能增强团队的凝聚力,达到 $1+1\geqslant2$ 的团队组合和组织效能。否则,组织内部就会产生无效的组合,甚至是背离组织目标的组合。

如何管理和增进企业内部的工作协作,主要包含三个方面的管理路径:一是在岗位说明书和职责规范管理中对工作协作进行明确的界定和要求,二是在员工的职业行为规范管理方面需要对员工的沟通与协作行为有明确的要求,三是在员工的任职和绩效管理方面需要对员工沟通与协作行为有明确的评价和考核应用。

**(1)关于工作协作的职责规范管理**

协作与分工,都是企业重要的管理行为,不是员工的个性特征和偏好,也就是说,在企业的经营管理过程中,企业不仅仅要组织和管理好部门与岗位的分工,同时也要组织和管理好部门与岗位的协作,把跨部门和跨岗位的工作协作纳入企业的业务和运营管理体系中加以管理和规范,不能把工作协作视为员工的个人行为和个性特征仅仅归属于员工工作态度或职业技能上进行管理。把工作协作当作员工的工作态度和职业技能管理,会大大削弱企业的分工协作和业务运营,严重影响企业的经营与管理工作的质量与效率。

关于工作协作的职责规范管理,至少包含以下几方面的内容:

一是在组织架构设计和岗位设置之初,不仅界定部门与部门、岗位与岗位之间的职责分工,也需要对相关工作的相互协作关系做明确的界定,并纳入岗位说明书的编制范畴。

二是在管理制度和工作流程图里,在界定部门职责和工作流程分工时,要明确每项工作的相关部门与相关岗位之间的工作协作关系。

三是在职责清单和作业指导书的编制过程中,对于跨部门、跨岗位的工作分工和工作协作要进行明确的梳理和界定,并将其具体的要求和规则纳入职责清单和作业指导书中。

**(2)关于工作协作的职业行为规范管理**

沟通能力与协作方式,与员工的个性特征密切相关,协作不仅仅是岗位工作的一项职责,沟通与协作作为员工的工作行为,同时受到员工个性特征的影响,员工在沟通协作上的态度、方式和能力对沟通效果和协作关系有比较大的影响,因此,对于工作沟通协作的管理,需要纳入企业的管理体系,通过企业的职业行为规范,来引导员工树立和培养正确的工作态度、沟通规范和协作关系。

对于员工沟通协作的职业行为规范管理,包括以下几方面的工作:

一是增强沟通协作意识,培养员工团队精神。

对于现代社会的人们来说,人与人之间虽然还没有达到良性的、充分协作的关系,但相比于古代社会,已经有了巨大的发展与进步。

从人类社会的发展史上来看,人与人之间的关系,也是一个演化和渐变的过程。人与人之间，最初是最原始的自然进化关系，然后演变成古代的战争与占有关系，再演变为现代的竞争与协作关系。人与人之间的矛盾和冲突的程度和力度随着人类社会的发展和进步，不断地弱化和趋缓，人与人之间的合作共赢在不断增加，这是人类社会人际关系发展的方向，文明、繁荣、团结、进步是人类社会发展的必然趋势。

当然，我们所处的社会，人与人之间的关系还没有达到以合作来代替竞争的文明程度。人们正处于竞争与协作之间的纠缠之中，在这个阶段，组织管理的能力和水平对组织的影响巨大。凝聚组织的目标和共识、消除组织之间的矛盾与分歧、强化团队成员的沟通与协作、培养员工的团队精神、促进企业内部的分工合作，这是企业培养组织效能、获取市场竞争优势和保持可持续发展的重要基础。

对于员工来说，身处于任何一个组织内部，为了有助于组织的发展、团队的协作和工作的实施，我们需要不断增加协作意识和团队精神，只有企业和组织的成长，才能真正带来组织成员个体利益的整体提升。

二是促进员工的正向思考与团队合作。

影响员工团队协作的一个重要因素是员工对工作、团队成员以及企业的怀疑或不信任。这种怀疑或不信任有两种情况，第一种是出于员工自身的知识、经验对工作的可行性和同事的态度所做的判断，另一种是员工形成的一种固有的思维习惯和思维模式，先怀疑、再鉴别，然后再做决策和行动。

企业是一个独立的、整体的利益共同体。在企业内部，首先要倡导全体员工培养正向思维的习惯，信任企业、组织和同事，遵循企业、部门和岗位的工作需要的原则开展工作。避免员工之间的不信任行为对工作产生的负面影响。其次是要严格执行公司的工作指令，员工必须对自身的工作负责，同时，公司和管理者应主动对决策失误负责，不因管理人员的决策失误，指责和处罚下属或相关部门。第三是加强认知与决策的科学体系建设，企业需要加强知识技能培训，提高决策的科学性与合理性，减少认知差错和决策失误对业务的影响。

三是倡导员工正直坦诚地沟通交流，积极主动地消除矛盾和分歧。

对有些员工来说，坦诚、直接地表达和沟通工作，是一件比较困难的事情。因为个性上的差异，有一些员工会客观、直接和坦诚地反馈并沟通工作，有一些员工性格腼腆、含蓄和委婉，不敢或不善于直接表达。不同的性格在一起工作，容易产生消极的和怀疑的情绪，产生矛盾和分歧，影响团队的团结和工作效率。

因此，企业需要通过管理制度与工作规范的建设和企业文化与团队氛围的营造，规范和引导员工建立沟通方式和协作关系，培养员工积极、坦诚、正向、正直的职业理念与工作作风。

**(3)关于工作协作的任职管理与绩效评价**

分工与协作，以及员工的职业态度和价值观，需要统一纳入员工的任职资格管理和绩效评价。

一是培养员工在履行岗位职责过程中，正确理解和对待企业的岗位分工与岗位合作。

二是培养员工沟通协作的职业规范与任职能力。

三是将员工的沟通与协作纳入员工的任职评价与绩效考核，并将任职评价和绩效考核的结果与员工的培训、薪酬、晋升挂钩，强化员工对企业推行沟通协作管理的正确认识，培养员工良好的职业态度和工作规范，引导员工积极主动地改善自己的沟通能力与协作关系。

# 三、汇报检查

培育复命精神，强化过程管控

岗位沟通执行管理的第三项工作是汇报与检查。

**(一)汇报检查管理**

汇报与检查，是指在执行过程中或执行结束后，执行员工向上级主管或相关岗位及时反馈工作成果与工作状态，上级主管或相关岗位适时对执行员工的工作状态和工作成果进行检查和监督，以确保工作信息的及时沟通反馈，以及执行偏差的及时调整和改善。

汇报与检查，是工作过程中不可缺失的部分，无论是否授权和建立信任关系，及时汇报工作动态和检查工作状态，都是有必要的，有利于工作的持续推进和改善。

**(二)汇报检查的功能**

汇报和检查是岗位运营管理过程中必不可少的管理过程，汇报检查主要起到以下几个方面的功能与作用：

**1. 及时反馈工作信息**

汇报与检查，首先是要做到及时、适时地反馈工作信息，让公司和管理者及时掌握工作进展和工作动态，对工作目标的达成状态和可能的需求有一个预测和分析判断，以便于在必要的时候，公司和管理者可以给到员工必要的支持和指导。

**2. 加强过程的监督与管控**

在执行过程中，仅仅由员工汇报工作是不够的，也需要管理者进行必要的走动式现场考察和工作检查。通过员工的汇报和管理者自身的现场检查，管理人员可以适时地监控和掌握工作的真正动态和进展，指导或督促员工按照工作计划的进度要求组织实施，避免工作中出现偏差或违法违规行为。

**3. 适时进行工作的调整和改善**

通过汇报与检查，管理人员随时掌握工作中存在的偏差、困难和问题，及时指导员工进行措施和政策上的调整，改善工作质量和工作效率，确保工作计划和目标任务的实施与实现。

### （三）汇报检查的方式与应用

汇报和检查，是企业运营管理体系建设中非常重要的工作环节，需要认真严谨地规划执行和管理控制，以确保工作计划和目标任务的有效实施与控制。

**1. 汇报反馈**

企业需要建立工作汇报与反馈机制，以便于管理层及时掌握工作的动态和信息。

**(1)复命精神**

复命精神，是指员工在工作中养成的一种及时反馈工作，并对工作结果负责的责任意识、工作习惯和职业素养。

培养员工的复命精神是企业在实行岗位分工、落实岗位职责、推行目标管理、提高执行效率过程中需要形成的一种企业的管理机制和员工的职业素养。

复命精神，是企业和社会组织特有的一种职业需要和工作规范，无法依靠员工的自觉行为进行培养。员工的个性特征是千差万别的，企业需要把推行和培养员工的复命精神纳入企业的管理体系之中加以组织和实施。

培养员工的复命精神至少包含以下三个方面的内容：

**一是以结果为导向**。岗位需要有明确的价值目标，一切工作都以达成企业的目标为原则。强化目标管理，创造岗位价值，这是员工应具备的最基本的职业准则。避免形成以任务为导向、以困难为借口的工作习惯。任务不是目标，完成任务不一定创造价值，仅仅以任务为导向的员工容易产生工作自满或“做一天和尚撞一天钟”的职业心态。

**二是不找借口、不消极拖延**。逃避困难和责任，这是人的天性。不同的性格类型可能会有不同程度的性格表现，比如，胆小懦弱、缺乏自信、无所事事或消极拖延等，这些个性特征的存在，会严重影响员工的工作效率、工作质量和工作成果。企业和管理者需要帮助员工突破个体思维的局限性、克服个性特征的障碍，培养员工的复命精神，不找借口，遇到困难和难以解决的问题，直面困难、永不放弃、全力以赴、勇于创新，尽自己和企业的最大努力，追求工作的成果和个人的进步。

**三是养成及时汇报的工作习惯和职业素养。**汇报工作是每一个员工的工作职责和应尽的义务，养成积极主动地汇报工作的职业习惯，不要等到领导过问的时候才汇报。另外，在汇报工作时，不要回避问题，无论有什么样的困难和结果，都应及时汇报工作，反馈问题，在需要的时候，主动争取领导的支持和帮助。

**(2)报表体系**

企业内部要建立完整、系统的数据报表体系，形成每天、每周、每月的运营管理数据和经营管理状态的定时汇总和汇报。

报表是体现岗位、部门和企业工作成果和运营质量的重要的数据指标，无论是员工还是管理者，都要养成填报报表和查阅报表来汇报和评估工作质量和工作动态的一种工作习惯。任何报表数据的缺失或对报表数据的忽视，都可能会造成相关数据和相关工作质量的偏差与问题。

由于不同企业的数据类型和报表格式千差万别，本书不对报表的编制做进一步的阐述。

**(3)工作汇报**

员工和管理人员需要形成一定的工作汇报的机制，工作汇报的周期，可以是日、周或月。当然董事会的工作汇报有的是以季度或半年度进行的，这里不做延伸。

①日汇报

通常情况下，日汇报并不一定要成为固定的模式，对大多数岗位来说，日汇报可以设定为不定期的、特定需要的汇报，主要用于一事一报，也可以随时根据工作的需要，临时性地汇报一些突发性事件或特殊的、必要的工作需求，以满足日常工作运营管理的需要为主。

②周汇报

在企业内部，安排周工作汇报是必要的，尽管会占用一定的时间进行总结、计划和汇报，但就管理来说，对工作的过程控制和效率提升具有非常重要的作用。

有些管理者，特别是更高层级的管理者，会担心周工作汇报是不是过于频繁，占用下级管理者的工作时间或影响下级管理者的工作心态，这种考虑，会弱化企业的过程管控和员工工作效率的提升。从企业管理的实践来看，坚持和实施一定形式的周工作汇报，对管理效率的提升和管理改善有非常重要的意义。

周工作汇报，可以基于周工作计划的格式和内容进行总结和汇报。周工作汇报应基于业务和管理两个层面进行汇报。业务汇报是为了反馈工作效率和工作质量是否达到工作计划所规定的预期目标。管理汇报是基于运营管理体系对管理制度、规范、流程进行评估改善。管理改善是比较容易被忽略的内容，特别是在业务能够达成的时候，更容易忽略管理改善的必要性，这会给后续的业务发展埋下潜在的风险。日常业务的管理需要纳入周工作计划和工作总结，管理者需要严谨、认真地对待员工工作的每一个细节和规范，以达到可以有效控制和提升安全、质量、成本和效率等相关工作的标准。

③月汇报

月度工作汇报，无论对于什么层级，都需要成为一种正式的汇报机制。

月度汇报的工作重点，除了包括日常的工作计划和管理措施等内容外，月度工作汇报更需要偏重于业务发展和管理提升两个层级。月度工作汇报应成为企业进行经营计划和战略筹划的一个信息收集、评价和权衡的重要的环节，当然真正战略层级的规划和策划可以作为季度工作和半年度工作的重点。

月度工作汇报的形式很多，这里重点介绍一种结合岗位运营管理的我们称之为“讲培会”的工作汇报与过程管控模式。

**讲培会，适合一对多的汇报模式，就是一个员工向主管领导或领导班子成员进行工作汇报**。通常，企业的月度工作总结，是以一个部门为单位，由多个员工向一个主管领导或领导班子成员进行汇报，这种工作汇报的模式，受限于时间因素和集体场合，很难进行深度和广度的沟通，只能以重点工作和重点问题进行汇报和初步沟通，这种月度工作会议的汇报方式对于业务发展和管理提升的指导作用并不大。

**讲培会的主要目的，不是为了汇报工作，而是系统全面地评估和改善工作质**

量与工作技能。

讲培会由下属员工以一对一或一对多的形式向主管领导或领导班子成员进行工作汇报，下属员工按照职责清单和工作计划相结合的模式，向主管领导汇报本月度工作职责与工作计划，陈述运营目标的达成情况，分析存在的问题和差异，讨论产生问题和差异的原因，并由主管领导或领导班子成员根据职责清单，按照岗位运营管理的体系和方法进行问题分析和工作改进措施的指导和评价。

讲培会，有助于管理者和员工基于岗位运营管理的思路和体系梳理工作，改善管理，提升工作效率与工作质量。

**2. 监督检查**

企业不能只依靠信任机制进行管理，必须建立相应的监督检查机制，避免员工因缺乏监督检查而偏离运营目标和管理规范。

监督检查，除了以报表和工作汇报形式进行之外，需要管理人员组织和安排必要的现场检查和走动式管理，以及职能管控体系建设和档案管理。

**(1)现场检查与走动式管理**

实地现场检查与听取工作汇报，是两种完全不同的感受和状态。作为管理人员，需要对每一个下属的工作，做亲身的现场检查和指导，调查、研究和评价员工的实际工作状态和工作成果，发现存在的问题以及与员工工作汇报之间的偏差，评估员工的工作态度和工作方法是否有助于运营目标的实现和管理规范的实施，并对存在的问题和偏差进行指导或责令员工进行改进。

走动式管理，不仅仅是针对生产作业现场进行检查和评估，还包含作业现场之外的各种场景和人员的随机的接触与沟通。比如与客户的交流，在电梯间与员工的交谈，在餐厅与员工的餐叙，在社区与相关方的交流等等。走动式管理，有助于管理者从不同的场景、不同的角度、不同的人员、不同的工作上，对公司及下属的工作状态和工作成果进行调查和评估，更真实、更全面地了解员工的工作状态和企业的发展需求，为后续的业务改善和管理提升提供更多的第一手资料和信息，让我们的决策和管理更科学、合理和有针对性。

**(2)职能管控**

职能部门的设置和管理，这是所有企业都会进行配置和安排的一种管理组织架构和管理方式，但在企业内部，是否充分发挥和利用了职能管理的角色和功能，不同的企业差别很大，并且大多数企业的职能部门和职能岗位的角色和功能发挥得并不充分，职能管理与业务管理之间的相互抵触和相互排斥较多，相互之间的协作和利用程度不高，这对企业、各级管理人员以及每位岗位员工的工作都是一种极大的制约和成本浪费。

从公司管理的角度，职能部门的工作重在组织、指导、监督和改善。本书从岗位运营管理的角度，我们更强调和重视各级管理人员和员工要充分利用和接受职能管理部门和职能管理岗位对本部门或本岗位业务的支持、指导和协助。对于管理人员来说，公司的职能部门或下属的职能岗位，都是我们对下属进行业务管理时重要的助理和帮手，可以帮助我们更全面、专业地开展管理工作。同时，对于员工来说，公司的职能部门和部门的其他职能岗位的职能管理工作，也是对本岗位工作的更好的指导和支持。

(3)**档案管理**

档案管理，是企业各级管理人员和员工很容易忽略的一项工作。通常管理人员和员工都是以工作任务达成为目标，对于工作过程中的记录与资料的保管工作关注得较少，这很容易造成工作过程中相关记录和资料的丢失和缺失，给企业的知识积累和事后的追踪管理带来不便。

完善企业的档案管理，至少具有以下几个方面的作用：

一是可以相对完整地记录或保存工作的过程、方法和状态，可以用于工作过程中和工作结束后的追踪、评价和改善。

二是公司业务往来和工作结果的证明文件，可以用于企业各种资信和证明。

三是便于知识积累和工作交接。在岗位员工变动的过程中，完整的档案记录，便于员工的工作交接和新员工对工作的认识和熟悉，快速掌握工作的内容和方法，同时，也可以在后续的工作中不断地优化和完善。

因此，档案管理不仅仅只是公司档案归口管理部门的职责，也是企业各级管理人员和岗位员工在工作过程中需要纳入工作职责和工作规范中的一项工作内容，在管理和工作的过程中，根据公司的档案管理规范以及岗位运营管理工作的需要，做好每项工作的记录和档案的归档及保管工作。

# 第七章

# 岗位的评价提升管理

## 导言

岗位运营管理的第五大类工作是**做改善**，即**岗位的评价提升管理**（见图7—1）。

无论是企业的管理者，还是员工，在履行岗位职责的过程中，第五类工作任务是进行持续的改善和提升。

**1. 核心理念**

**建立企业持续改善的理念与机制。**

我们所处的社会和市场环境，是不断发展变化的环境。用现在比较流行的一句话来表述，就是“现代社会唯一不变的是变化”。

这种变化是全方位的、无时无刻、无处不在的，例如社会观念、经济状况、市场竞争、客户需求、技术进步、员工成长、企业发展等等所有与企业经营相关联的环境和要素都在进行着或剧烈、或细微的变化。

有些变化是剧烈的，容易被人们认知和发现，如一次金融危机、一次国家产业政策的调整等；有些变化是细微的，不容易被人们认知和察觉的，如销量减少1%、增加了一次客户投诉、出现了一个新的竞争对手等。

无论我们是否接受，我们所处的环境都是在不断地发展变化的，没有一个企

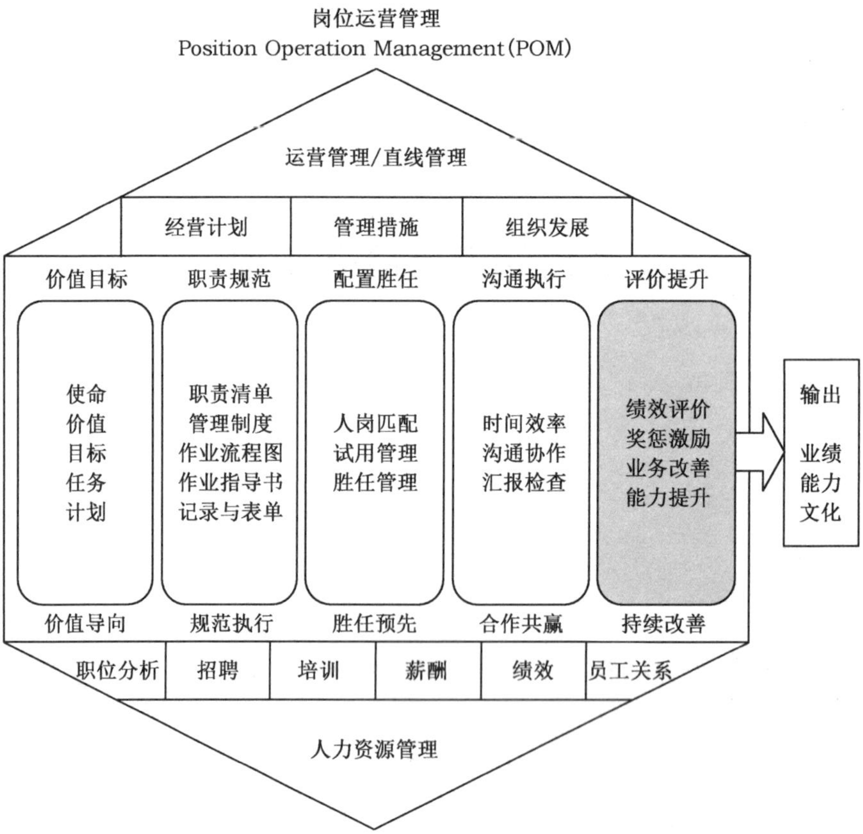


**图 7—1　评价提升管理在岗位运营管理中的位置**

业可以在原有的运营与管理模式下持续不断地存在和发展。

持续不断地改善提升管理，是促进员工和企业进行自我改进、适应环境变化、保持企业可持续发展的必备工作。

2. 管理内容

岗位评价提升管理的内容包括四个方面的工作：岗位的绩效评价、奖惩激励、业务改善和能力提升。

# 一、绩效评价

完善绩效评价体系，激发员工价值创造能力

岗位评价提升管理的第一项工作是绩效评价。

## (一)绩效评价管理

在岗位的管理实践中，绩效评价的工作包含两个方面，一是绩效考评，二是任职评价。

绩效考评，是指在一个工作周期内，组织和实施对员工工作成果和工作状态进行评估和考核的管理行为。绩效考评的结果，是对当期员工工作成果的一个评定，并以此作为员工薪酬和绩效管理应用的依据。

任职评价，是指在绩效评估和考核的基础上，对员工在一个任职周期内的岗位胜任能力和胜任状态进行评估与评价。任职评价的结果，作为员工的能力培养和岗位调整等工作的依据。

## (二)绩效评价的功能

绩效评价及其相应的绩效管理，是企业不可或缺的一项管理工作，虽然企业和人力资源部门都非常重视绩效管理工作，但企业的各级管理人员和员工对绩效管理的认识、理解和接受还是有一定差距的，这在一定程度上对企业绩效管理的实施产生了一定的负面影响和障碍。正确认识和理解绩效管理工作，把绩效评价及相关绩效管理纳入企业的管理实践和岗位运营管理体系，具有非常重要的作用。

### 1. 推动公司经营目标与岗位运营目标的实现或持续改善

绩效管理是价值目标管理的一个重要的推动力量，没有绩效管理就没有价值目标管理的实现。

绩效管理是将价值目标管理与岗位员工相结合的一个重要环节，将价值目标管理的实现作为岗位员工工作成效和任职资格的一个重要的评价依据，并纳入对岗位员工任职资格和薪酬激励的管理应用。

换句话说，绩效管理作为价值目标管理的一个重要手段，是为了推动价值目标管理在岗位上的落地与实现，并通过持续的管理改善和绩效改进，推动公司经营目标和岗位运营目标的持续提升和发展。

企业管理不能依赖于员工的自觉或自动自发，需要与员工个人的价值追求相关联（如图 7－2 所示），虽然绩效管理本身不是以实现员工个体的价值追求为目标，但绩效管理是通过绩效评价和绩效改善，促进员工实现公司经营目标和岗位运营目标，企业基于员工的价值贡献给予员工相应的价值回报。这种基于绩效评价结果的管理应用，又进一步促进和提升员工工作的积极性，同时促进公司经营目标和岗位运营目标的创新与创造。

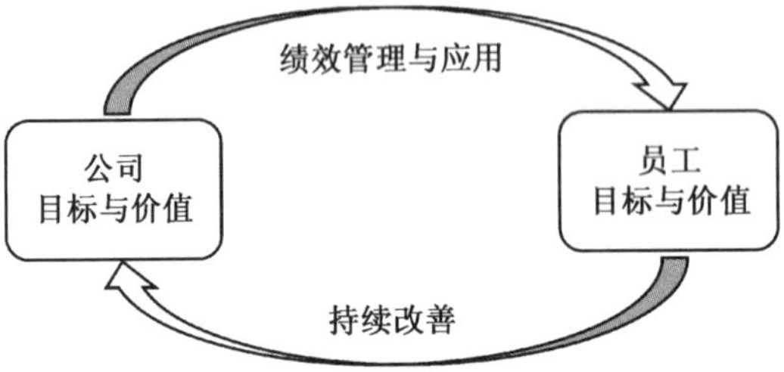


**图 7－2　公司与员工的价值创造与绩效激励**

积极、有效的绩效管理，可以起到对员工的正向激励作用，有助于激励员工提升更大的价值创造能力。而消极、无效或缺失的绩效管理，会产生对员工的负向激励作用，不仅会严重影响员工工作的积极性，同时也会影响到公司经营目标和岗位运营管理目标的实现。

**2. 客观公正地评估和评价员工的工作状态与工作成果，应用于员工的薪酬与激励**

绩效考评，有助于企业和管理者对员工的工作状态和工作成果进行客观、公正的评估和评价，评定不同岗位员工在企业工作中的工作成果和工作绩效，绩效评价的结果可以应用于员工的绩效工效、年终奖励、薪酬调整及相关激励措施。

**3. 正确地评估和评价员工的任职状态与胜任能力，用于员工的任职管理与学习成长**

绩效评价，也有助于公司和管理者对员工的任职状态与任职能力进行科学合理的评估与评价，评定员工的岗位胜任情况和能力的优缺点，并基于评价的结果，对员工的职业规划、技能培训、轮岗或晋升进行有针对性的、合理的安排。

**（三）绩效评价的方式与应用**

绩效评价，是企业经营管理与员工任职管理的重要环节。

关于绩效评价的工作，根据其功能的不同，我们把它分为两项工作，一项是用于绩效管理的绩效考评，另一项是用于任职管理的任职评价。

**1. 绩效考评**

绩效考评是对员工履行岗位职责，以及执行公司经营计划的工作结果和工作状态的一种评价，也就是说，绩效考评是对员工工作成果和工作质量的一种评价与认定。

没有绩效考评，就无法引导员工对工作的结果负责，无法促进公司经营目标的达成，也无法对员工做出客观公正的评价和激励。

**（1）绩效考评方案和绩效指标的确定：MBO、KPI、BSC、OKR**

绩效考评的工具和方法比较多，这里我们根据绩效管理工具出现的先后顺序，简要列举其中的四种，分别是目标管理 MBO、关键绩效考核 KPI、平衡计分卡 BSC 和目标与关键结果 OKR。尽管不同的企业会主张和倡导不同的绩效管理工具，不过在企业的实践应用过程中，我们主张企业可以结合不同绩效考核工具的功能，进行优化和组合使用，而不是非此即彼地互相排斥或更换。

**①目标管理：MBO**

美国管理学家彼得·德鲁克在 1954 年出版的《管理的实践》一书中，首先提出了“目标管理和自我控制的主张”，他认为“企业的目的和任务必须转化为目标。企业如果无总目标及与总目标相一致的分目标来指导职工的生产和管理活动，则企业规模越大，人员越多，发生内耗和浪费的可能性越大”。

德鲁克提出目标管理（Management By Objectives，MBO），不是用目标来控制员工，而是用它们来激励员工。MBO 方式通常有 4 个共同的要素，它们是明确目标、参与决策、规定期限和反馈绩效，这是目标管理的四个主要的步骤：

一是制定目标，包括了制定目标的依据、对目标进行分类、按照 SMART 的原则制订、在公司内部上下级之间沟通并达成一致等；

二是组织实施目标；

三是信息反馈处理；

四是检查实施结果及奖惩。

MBO 通过一种专门设计的过程使目标具有可操作性，这种过程一级接一级地将目标分解到组织的各个单位。组织的整体目标被转换为每一级组织的具体目标，即从整体组织目标到经营单位目标，再到部门目标，最后到个人目标。在此结构中，每一层的目标与下一级的目标连接在一起，而且对每一位员工而言，MBO 都提供了具体的个人绩效目标。

因此，每个人对他所在单位的成果贡献都很关键。如果所有人都实现了他们各自的目标，则他们所在单位的目标也将达到，而组织整体目标的完成也将成为现实。

目标管理的出现，形成了以目标和结果导向的管理体系，明确了员工的工作职责，调动了员工的积极性，同时增强了企业的内部管理。

不过目标管理更偏重于企业经营目标和工作计划的制订和分解，还不是严格意义上的绩效管理工具。

**②关键绩效指标：KPI**

关键绩效指标（Key Performance Indicator，KPI）是对企业运作过程关键成功要素（Critical Success Factors，CSF）的提炼和归纳。

关键绩效指标是指衡量一个管理工作成效最重要的指标，是一项数据化管理的工具，是通过对组织内部流程的输入端、输出端的关键参数进行设置、取样、计算、分析，衡量流程绩效的一种目标式量化管理指标，把企业的战略目标分解为量化指标的工具，是企业绩效管理的基础。关键绩效指标是用于衡量工作人员工作绩效表现的量化指标，是绩效计划的重要组成部分。

关键业绩指标指明了各项工作内容所应产生的结果或所应达到的标准，最常见的关键业绩指标主要有三类：

一是效益类指标，如资产盈利效率、盈利水平等；

二是营运类指标，如部门管理费用控制、市场份额等；

三是组织类指标，如满意度水平、服务效率等。

确立 KPI 指标的步骤主要是：

一是确定业务重点。明确企业的战略目标企业级 KPI。

二是分解出部门级 KPI。各部门的主管需要依据企业级 KPI 建立部门 KPI，并对相应部门的 KPI 进行分解，确定相关的要素目标，分析绩效驱动因数（技术、组织、人），确定实现目标的工作流程，分解出各级部门的 KPI。

三是分解出员工个人的 KPI。

四是设定评价标准。

五是审核关键绩效指标，确保这些关键绩效指标能够全面、客观地反映被评价对象的绩效，而且易于操作。

关键绩效考核是一套完整的绩效考核体系，它的出现和应用，推动了绩效管理在企业中的应用：

一是目标明确，有利于公司战略目标的实现。KPI 是企业战略目标的层层分解，通过 KPI 指标的整合和控制，使员工绩效行为与企业目标要求的行为相吻合，不至于出现偏差，有力地保证了公司战略目标的实现。

二是提出了客户价值理念。KPI 提倡的是为企业内外部客户价值实现的思想，对于企业形成以市场为导向的经营思想有一定的提升。

三是有利于组织利益与个人利益达成一致。策略性地指标分解，使公司战略目标成了个人绩效目标，员工个人在实现个人绩效目标的同时，也是在实现公司总体的战略目标，达到两者和谐，公司与员工共赢的结局。

传统的 KPI 考核，也存在不足的一面，主要体现在：

一是偏重于业绩和量化指标考核，忽略了人的存在和人的发展。

二是有些岗位无法获得可量化的指标，比如很多技术岗位、职能岗位等。

因此，KPI 的实施所带来的绩效主义的管理思想和管理行为并不一定能推动并满足企业的可持续发展。

③平衡计分卡:BSC

平衡计分卡(Balanced Score Card,BSC)是美国哈佛商学院诺顿研究所在 20 世纪 90 年代初主持并完成“未来组织绩效衡量方法”的研究项目所提出的一套绩效管理工具,它被誉为西方“75 年来最伟大的管理工具”。

平衡计分卡作为一种战略绩效管理及评价工具,主要从财务角度、客户角度、内部流程角度和学习成长角度这四个方面来衡量企业绩效。财务指标是企业最终的追求和目标,也是企业存在的根本物质保证;而要提高企业的利润水平,必须以客户为中心,满足客户需求,提高客户满意度;而要满足客户,必须加强自身建设,提高企业内部的运营效率;提高企业运营效率,必须要持续不断地促进员工的学习成长和团队建设。

平衡计分卡围绕企业的战略目标,从财务、客户、内部运营、学习成长四个角度,将组织的战略落实为可操作的衡量指标和目标值的一种新型绩效管理体系。

财务方面:主要衡量企业的经济收益指标,包括传统的财务指标,如销售额、利润额、资产利用率等。

顾客方面:从时间、质量、服务和成本几个方面关注市场份额以及顾客的需求和满意程度,其指标可以是送货准时率、产品退货率、顾客满意度等。

内部运营方面:关注导致企业整体绩效更好的过程、决策和行动,特别是对顾客满意度有重要影响的企业过程。如劳动生产率、生产周期、成本、合格品率、新品开发速度、出勤率等。

学习成长方面:将注意力引向企业未来成功的基础,涉及员工问题、知识资产、市场创新和技能发展等。如培训完成率、后备人才梯队建设等。

BSC 是通过对上述四个方面进行相互关联和平衡,使各项工作和指标最终都以某种直接或间接的形式与财务结果相关联。

BSC 的制订过程,大体上可以分为以下几个步骤:

一是定义企业战略。这一步骤是设计一个好的 BSC 的基础。

二是选择和设计测评指标。按照财务、客户、运营和学习成长四个层面,进行关键指标的设计。

三是制定实施计划。要求各层次的管理人员参与测评。这一步骤也包括将

BSC 的指标与企业的数据库和管理信息系统相联系，在全企业范围内运用。

四是监测和反馈。每隔一定的时间就要向最高主管报告 BSC 的测评情况。在对设定的指标进行一段时间的测评并且认为已经达到目标时，就要设定新的目标或对原有目标设定新的指标。

BSC 的优点：

一是战略目标分解，形成具体可测的指标。因为企业战略目标听起来比较抽象，也是一个比较宏观的目标，如何把它细化和具体化，并把它落实到具体的工作行为当中，BSC 帮忙解决了这个问题。

二是考虑了财务和非财务的考核因素，也考虑了内部和外部客户，也有短期利益和长期利益的相互结合。

BSC 的不足：

一是 BSC 实施难度大，工作量也大。首先准确定位公司战略本身就对高层管理者的管理素质要求很高，同时也要求各级管理人员和人力资源部门对战略的理解能力要很强。而且 BSC 考虑的考核要素很完整，工作量很大，实施的专业性也很高。

二是不能有效地考核个人。BSC 本身的目标分解很难分解到岗位，是以部门为核心的目标分解，个人关键绩效要求方面体现不明显。

**④目标与关键结果：OKR**

目标与关键成果法（Objectives and Key Results，OKR）是一套明确和跟踪目标及其完成情况的管理工具和方法，由英特尔公司创始人安迪·葛洛夫（Andy Grove）发明，并由约翰·道尔（John Doerr）引入谷歌使用。

OKR 是一种目标管理方法，是一种能够让企业更好地聚焦战略目标，更好地集中配置资源，更好地使团队上下同欲的管理方法。

OKR 的主要任务是明确公司和团队的目标以及明确每个目标达成的可衡量的关键结果。

OKR 的目标设计，包括公司目标、部门目标和岗位目标，在设定目标时需要注意的一些事项是：

一是目标设定要做到少而精。目标的数量需要控制，不能设置太多。太多了就导致年度工作无法有效地聚焦，一般情况下 OKR 操作建议目标最多不要超过五个。

二是目标务必是具体的、可衡量的。例如不能笼统地说“提高客户满意度”，而是要提出具体的目标，如“客户满意度达到 85%”等。

三是目标要是有野心、有挑战性的，目标设定不能是现在做成什么样就是什么样，一定要可实现并具有挑战性。这样你才会不断为你的目标而奋斗，而不会出现期限不到就完成目标的情况。

四是遵循“自下而上再自上而下”的程序。首先要群策群力，充分听取底层员工对目标的意见，再滚动修订公司的经营战略，然后确定公司年度目标和季度目标。目标的设定必须要充分沟通并达成共识。

OKR 的优点：

一是 OKR 关注目标，而 KPI 关注的是指标。

二是 OKR 既有自上而下的目标贯通，亦有自下而上的驱动，既不会迷失方向，也能帮助自下而上的创新。而 BSC 和 KPI 都更倾向于自上而下的管理。

**⑤绩效考核的优化整合，综合 BSC、OKR 和 KPI 的应用**

需要说明的是，外资企业 KPI 考核大多数是以年度和半年度为周期进行了，考核结果应用于年度的绩效和薪酬，由于考核周期比较长，过程中对员工工作的可控性比较弱。为了加强过程中的控制，由此产生了 OKR，OKR 是以季度为单位对目标在时间进度上进行分解和分步，因此 OKR 在外资企业并不是以绩效考核为目的，而是目标管理的过程管控工具。

结合上面的介绍，我们可以看到 OKR、BSC 和 KPI 之间并不是彼此替代的关系，本质上是人们对目标管理和绩效管理的工具与方法的不断创新和补充，因此，企业和管理者在推动目标管理和绩效管理的过程中，应结合目标管理和绩效管理的发展历程和管理创新，综合地应用和发展目标管理和绩效管理的管理方法。

对于中国企业来说，首先是把 BSC 和 OKR 作为目标管理和绩效考核的工具综合使用。一是在制订的方式上，建立基于公司战略的自上而下的全面、均衡的衡量和分解，同时也推动自下而上的沟通、研讨、创新与共识。二是在时间管理轴上，在制订的过程中，由公司的中长期战略到年度经营目标的制订，再分解到季度,甚至月度;在实施的过程中,由月度、季度再到半年度和年度的评估、优化和调整。由此来构建一套全方位的、动态的目标管理体系。

其次是应用BSC和KPI的原理提炼关键绩效指标,按照BSC的财务、客户、运营和学习成长四个层面,使用KPI的关键绩效指标的原则提炼公司级、部门级和岗位级的各维度关键绩效指标。

第三是中国的企业在绩效管理方面,更多的是采用季度考核和月度考核的模式,就中国企业的管理方式和员工的职业习惯来说,中国企业的规范化、管理的专业化和员工的职业化的基础还比较薄弱,在中国企业的职业规范和管理基础形成之前,对中基层员工仍然适合于以月度考核和季度考核为主。在条件成熟之后,可以逐步推行季度考核或年度考核。

**(2)绩效评估与考核**

在上述绩效指标体系的设计、分解和建立的基础上,绩效评估和考核是在每一个考核周期结束后进行的一个具体的评估和考核的动作。

绩效评估和考核的要点主要有两个:

一是客观:对员工工作绩效客观地评估和考核,主要是评估和考核的事实依据要符合员工工作状态和公司业务发展的客观实际。

二是公正:公正是要做到在不同员工之间的公平、公开和公正,尽可能做到对每一个员工的评价和考核都符合客观实际,并且尽量做到没有偏好和倾向。

在公正性方面,除了部门主管评价本部门员工存在公正性问题之外,在不同部门之间,不同的部门主管对其部门员工评估和考核的尺度也存在差异,这种差异不一定是人为有意造成的,但因为是不同的主管进行评估和考核,因此,跨部门的绩效评估与考核会因为考核人的不同而产生跨部门的差异,这种差异通常是很难避免的。一方面,企业内部要组织和引导管理人员尽可能按照公司的考核标准进行考核,尽量减少个体观念与感知上的差别所产生的考评结果的差异。另一方面,企业在绩效考核的应用方面,尽量减少和避免将不同主管的考核结果放在一起进行比较。

**(3)绩效面谈**

绩效评估与考核之后,管理人员需要与员工进行必要的沟通与反馈,在绩效管理环节，也称之为绩效面谈。

①绩效面谈的目的

绩效评估与考核之后，作为管理人员有必要和员工进行一次绩效面谈，绩效面谈的目的，一是让员工了解和确认自己的工作状态和工作成果，以及公司和主管领导对他的工作状态和工作成果的评价。二是引导员工自我认知和自我改善，并通过自我认知和自我改善，来改善业务、提升自我。

②绩效面谈的方式

绩效面谈的核心在于是否能够得到员工的认同并达成下一步改善的目标，因此，实施绩效面谈，管理人员需要做好以下几方面的工作：

首先，是明确本次绩效面谈的目标，明确业务的现状、存在的问题和改善的方向，探讨员工在业务执行和改善过程中，所需要的自我认知和自我提升的具体事项。

其次，在绩效面谈的开始阶段，先肯定员工工作的业绩和所做的努力，关心员工并激励员工持续改善提升。

第三，是探讨工作中存在的问题和问题产生的原因，研究问题解决的可能的途径和方法。

第四，给予员工工作上的指导，员工自我认知和能力提升上的建议，以及员工工作需要上的支持与协助。

③绩效面谈结果的评估与确认

绩效面谈，无论管理者自我感觉如何，最关键的环节是员工的认同与下一阶段的行动。绩效面谈的过程中或绩效面谈之后，员工是否真正地理解、接受和认真执行，这需要管理人员在绩效面谈的最后，进一步进行沟通确认，并对员工绩效面谈后的实际行动做出必要的关注和评估，以适当引导和调整，解决员工在理解、认知、接受与执行上存在的偏差。

**2. 述职与任职评价**

述职和任职评价，是企业对员工岗位任职管理的一个重要的环节。作为企业的管理者，除了对员工的工作绩效进行考核评价外，同时也需要对员工的岗位任职状态进行评估和评价，对员工的岗位任职给予指导和调整，对员工的岗位晋升和职业发展做出评估和建议。

不同的企业或不同的岗位述职和任职评价的周期不同，通常情况下，主要分为年度述职和半年度述职。

员工的述职与任职评价主要分为三个部分：一是前期工作的总结与评价，二是后续工作思路、计划、自我评价与提升，三是能力素质评价与职业发展规划。

**(1)工作总结与评价**

员工在一个任职或述职周期内的工作总结和评价，主要包含以下几个方面的内容：

一是工作业绩：指在一个任职或述职周期内，目标任务和岗位价值的达成情况。

二是工作方法与管理过程：对于工作方法和管理过程的阐述和述职，很容易被管理者忽略。层级越高的管理者或领导，越偏重于以目标和结果为导向，而忽略或轻视对工作方法与管理过程的重视，这容易导致管理规范和管理技能偏离企业经营与发展的需要。例如，工作过程中的安全规范和风险防范，如果被忽略，虽然公司的经营目标达成了，但存在的安全隐患和风险有可能会在未来的某个时间转化成真实的安全事故，造成人身和财产上的巨大损失。此外，管理的规范和管理技能的提升，是否能支撑企业中长期发展的目标，也是需要通过对员工工作方法与管理过程的监控和评估，来加以持续不断的改善和提升。

三是存在的差距、问题与原因分析：差距、问题与原因分析是三个层次的概念。

差距，是指业务的现状与目标计划之间的差距。

问题，是指产生差距的影响因素，包含企业外部的因素和企业内部的因素，企业内部的因素，又分物的因素与人的因素等。

原因分析，原因不是产生差距的原因，产生差距的原因仍然是问题本身，原因是指产生问题的原因。对原因的分析，不能把客观因素作为问题的原因，而是要从主观方面的因素进行分析，因为客观因素是现实、是环境、是我们需要面对和处理的问题，只有我们自身的主观因素是我们可以自主控制的，是我们可以进行改变的态度和策略。

例如，公司某个产品 1 000 万元的销售目标没有达成，实际业绩只完成了目标 60%，问题可能有几个方面，一是客户的需求发生了变化，二是竞争对手出现了更有竞争优势的竞品，三是公司的产品质量出现了问题，四是销售团队的能力不足，五是促销政策不对路或资源配置不到位。没有达成目标的原因，不是因为有这些问题，而是企业内部没有预见问题和解决问题的能力，因此，真正的原因，可能是公司没有预见到客户的需求的变化或对客户需求的变化没有做出及时的调整，对于竞品没有及时采取更有效的对策，公司没有对产品质量做出及时的整改，销售部门在销售团队的建设和培养方面缺乏具体的措施，没有及时调整促销政策和提供必要的资源配置等。

只有通过对问题产生的原因进行分析，才能在企业内部的管理思路和工作措施上找到真正的原因和对策。

四是改善提升的方向和措施：存在问题和困难是正常的现象，能不能克服困难、解决问题，这体现了员工的工作态度和职业技能。针对实现目标计划所存在的差距、问题和原因，提出有针对性的、有效的改善和提升的方向与措施，这是员工岗位胜任能力的重要体现，也是员工自我提升与自我发展的重要方向。

**(2)后续工作的思路、计划、自我评价与提升**

根据工作总结和公司下一阶段的经营计划，员工需要对后续工作的思路、方法、计划以及自身能力的评估与提升做出清晰的阐述和安排。

一是工作目标：结合公司的经营计划，明确本岗位在下一个任职或述职周期的岗位职责与目标任务。

二是工作的计划与措施：根据下一阶段的目标任务，以及当前存在的问题和原因分析，提出有针对性的解决措施和工作计划安排，以保障下一阶段岗位职责和目标任务的实现。需要注意的是，措施和计划一定是通过筹划并评估的可实施和可实现的，制订措施和计划不只是为了完成述职任务，更重要的是应能满足未来目标任务的实施与实现。

三是自我评价与提升：业务的发展、环境的变化，会对业务和管理提出更高的要求，并且这种变化和要求是持续不断的过程。因此员工需要在每一个任职或述职周期内，对因目标任务和环境变化引起的、对自身能力素质所提出的新的要求和挑战，进行自我分析和评估，提出自身在认知、技能、行为方式和心理素质上的学习与成长的需求与安排，并在企业和管理人员的指导与支持下持续提升。

四是工所需的支持与指导：对于履行岗位职责、达成目标任务、提升个人能力所需的公司和管理人员的支持和资源配置，需要在述职过程中做出清晰的梳理和阐述，以保障工作计划的有效实施和目标任务的全面达成。

**(3)能力素质评价**

能力素质评价，是针对员工胜任能力的综合评价，评价的内容和依据是我们在第五章提到的胜任能力评价表。

岗位胜任的能力素质评价，是对员工在岗位任职期间所表现出来的履职能力、态度、自我认知以及未来发展潜力的综合评价。

能力素质评价的结果，应用于员工培训与技能提升、工作方式与工作思路的转变、公司团队配合与资源配置的调整、员工轮岗或晋升安排等，以有助于公司经营目标的达成和员工的学习成长。

岗位任职的能力素质评价的方式，包括员工自评、主管评价和360度考评。

一是员工自评：员工自评，是一个非常重要的环节，由于员工自评在胜任评价计分时的比重非常小，所以很多时候员工与管理者都不太重视和在意员工自评。这种认识和理解是一种错误的观念。员工自评的目的不是为了记分上的公平，而是为了进行一次员工的自我认知和评价，同时，管理人员通过员工自评，发现员工的自我认知与公司和岗位的需求是否一致，存在哪些偏差，为什么产生偏差。这也是管理人员在述职或绩效面谈的过程中，需要与员工进行沟通，并指导员工进行自我调整和改善提升的方向。

二是主管评价：主管评价最重要的是尽可能做到客观、公平、公正。真实地反映员工的工作业绩和岗位胜任情况。

三是360度评价：在年度述职与任职评价的过程中，为了能更全面客观地对员工进行综合评价，有必要组织和实施360度评价，即在员工自评和主管评价的基础上，组织平级评价和下属评价。平级评价和下属评价的主要目的，不是为了给员工进行任职能力评分和排名，而是能多角度、更客观地评估和评价员工的胜任能力和工作状态。因此在360度评价的应用方面，管理人员更需要关注的不是员工评分的情况，而是公司不同岗位对本岗位员工胜任能力与工作状态的评估与评价，这有助于管理人员从更多角度更客观地评价员工的胜任能力和改善提升的方向，同时，360 度评价的内容和结果，也是员工自我认知与自我调整的重要参考依据。

# 二、奖惩激励

优化奖惩激励机制，充分调动员工工作激情

岗位评价提升管理的第二项工作是奖惩激励。

### (一)奖惩激励管理

奖惩与激励，是岗位运营管理体系中，员工最为关心的、与员工利益密切相关的一项工作。奖惩与激励，包含薪酬福利、奖励处罚、员工关怀与学习成长等内容。

奖惩与激励，很容易被理解为是公司的政策和人力行政部门的工作。从政策的制订和组织实施的发起部门来看，奖惩与激励的确需要有公司的政策支持和人力行政部门的组织，不过从实施的角度来看，奖惩与激励的工作是由公司各级管理人员负责应用和落实的，没有各级管理人员的理解并应用实施，公司的奖惩与激励政策很难最大化地发挥其功能和作用。

### (二)奖惩激励的功能

奖惩激励，是员工最关心的话题，它们直接涉及员工的切身利益和员工工作的积极性。

#### 1. 激励作用，提高工作效率，激发员工潜能

员工的工作积极性和工作效率受奖惩与激励的影响较大，无论我们是否认同或接受，员工在工作过程中，都会考虑其工作成果和劳动付出所获得的薪酬与激励的回报。如果薪酬与激励的效果达到了员工的期待，或者薪酬与激励跟他的工作产出相关联，员工就会以更多的付出和更大的努力投入工作，并努力争取工作业绩。如果员工对于薪酬与激励的认同度低或者员工的付出与薪酬激励的关联度低，员工工作的积极性和主动性会大打折扣。因此，好的薪酬与激励，可以提高

员工工作的积极性和主动性，甚至激发员工的潜能开发与学习成长，并进一步提升自己的能力和工作绩效。

**2. 提高员工的敬业度、增强企业团队的凝聚力**

有效的奖惩与激励，可以提高员工的敬业度、增强团队的凝聚力。员工的敬业度和凝聚力，是企业培养团队精神和团队能力的基础，也是企业培育核心竞争力的重要保障。

**3. 塑造企业文化，提升雇主品牌**

企业的品牌，不仅仅体现在产品和客户层面，更体现在企业文化、团队精神和员工认同层面，没有员工的敬业精神和团队的协作关系，就没有产品的品质和客户的认同。薪酬与激励，通过不断激发员工的敬业度和凝聚力，塑造和支持企业文化的建设，同时也起到维护企业品牌与企业形象的作用。

**(三)奖惩激励的方式与应用**

员工的奖惩激励是一个复杂的系统，与员工的社会生活和心理因素密切相关，因此，激励理论和激励方式也成为西方管理理论的重要研究对象。

**1. 员工激励的理论基础**

员工的激励理论，主要来自西方行为科学的发展。

行为科学起源于1927年美国哈佛大学教授梅奥的霍桑实验，通过实验和观察，突破了以科学管理为代表的古典管理理论，他们发现，影响劳动生产率的因素不仅仅与工作和物的因素相关，人的因素也会对劳动生产率产生很大的影响，他们认为人不仅是“经济人”，也是“社会人”，由此奠定了行为科学的基础。

1943年，马斯洛提出了人的需求层次理论，他把人的需求分为五个层次：

第一层次是生理需要(如衣、食、住、行、性欲等)，这些是人类最基本的也是推动力最强大的需要。

第二层次是安全上的需要，如防止工伤事故、丧失财产的威胁、资方的无理解雇、生病或养老、储蓄和各种形式的保险等。

第三层次是感情和归属上的需要。包括和家属、朋友、同事、上司等保持良好的关系，给予别人并从别人那得到友爱和帮助等。

第四层次是地位或受人尊重的需要。包括自尊心、自信心、能力、成就和名誉地位的需要,能够得到别人的承认和尊重等。

第五层次是自我实现的需要。这是最高一级的需要,指一个人需要做他最适宜做的工作,发挥他最大的潜力,实现理想,并能不断地自我创造和发展等。

克莱顿·奥尔德弗在1973年对马斯洛的理论做了一种修正,他认为人的需求分为三种,第一种是生存需求,第二种是关系需求,第三种是成长需求,指个人在事业、能力等方面有所成就和发展。

赫茨伯格提出激励因素和保健因素理论,他把企业中有关因素分为满意和不满意两类,满意因素可以使人得到满足,它属于激励因素,如成就、赞赏、工作内容本身、责任感、上进心等。不满意因素是指缺乏这些因素时容易产生不满意和消极的情绪,即保健因素,包含金钱、监督、地位、个人生活、安全、工作环境、政策及人际关系等。

麦格雷戈的X理论和Y理论、埃德加·沙因的复杂人假说等,也都提供了对人的行为理论和激励机制的不同分析。

结合上面的有关人的行为理论,关于员工的激励,大体上可以归纳总结为三个方面:

一是物质与生理方面的需要,包括衣、食、住、行和安全、休息等。

二是精神层面的需要和追求,比如职业精神、团队精神、学习成长、职业兴趣、职业发展等。

三是人际关系层面的关系与角色,比如员工关怀、人际关系、团队建设、职业晋升等。

**2. 奖惩激励的方式与方法**

根据上面的行为科学与激励理论,我们可以把员工的奖惩激励分为四种形式:薪酬福利、奖励处罚、员工关怀与学习成长。

**(1)薪酬福利**

薪酬福利包含三个方面:薪酬标准、绩效机制和员工福利。

**一是薪酬标准要充分体现员工的个人能力和市场价值。**

最有效的薪酬标准的制订,是基于能力为基础的薪酬体系。对外,薪酬标准要有市场竞争力,能吸引优秀的员工和保留基础岗位员工的需要。薪酬标准的市场竞争优势是由企业的薪酬体系确定的，这是企业的整体薪酬战略，属于企业行为，企业内部的管理人员在这方面的影响力和话语权有限。

当然尽管薪酬标准的制订是由企业的薪酬政策和人力资源部门主控的，但各级管理人员需要对本部门员工的定薪和薪酬激励负责，一是要研究公司的薪酬体系和薪酬标准，本部门员工的薪酬确认需要充分考虑企业内部的公平性；二是要学会正确地评估员工的工作成果与发展潜能，在员工个体的定薪方面尽可能充分体现岗位的价值和员工的潜能，力求实现薪酬标准对员工的激励性和吸引力。

**二是建立并充分发挥绩效机制的激励作用。**

员工薪酬标准的调整是有一定周期的，因此，调薪对员工的激励，相对来说是一个比较长期的和慢节奏的激励。

提高对员工的短期的、快节奏的激励，需要通过绩效机制来实现。绩效机制对企业和员工都是非常重要的，企业需要结合不同的岗位建立一套好的绩效机制，充分调动员工工作的积极性和自主性，而不是主要依赖管理人员的监督与管控来推动和落实工作。

绩效机制的形式有很多种，需要企业的管理人员根据岗位的工作内容和工作性质来确认每个岗位的绩效机制。

关于绩效机制的类型和适用范围主要有以下几种：

①计件制或承包制

计件制或承包制，主要适用于生产作业岗位，这类岗位的员工尽可能做到以个体为单位进行计件，如果不能实现以个体为单位进行计件，也可以采取一个工作小组或一个业务单元的承包制模式进行计件作业。

**随着劳动力市场用工短缺现象的出现，劳动力市场出现了小时工资制，这种用工和计费方式，会大大降低企业的劳动生产效率。企业和各级管理部门应尽可能避免单纯的小时工资制，要研究工资与产量之间的关系，而非与工作时间之间的关系。**

②提成制

提成制主要与销售人员相关，适合于销售部门。通常情况下，企业都是非常重视对销售部门和销售人员的激励的，这里不再详述。

③项目奖励

项目奖励，可以适用于以项目为单位的生产、销售和研发部门，企业或管理者根据项目小组的工作成果与价值贡献情况，来设定项目奖励。

④绩效工资制

中国企业使用比较多的是绩效工资，就是在薪酬标准内设一部分浮动绩效工资，绩效工资分两种，一种是月度或季度绩效工资，另一种是年终绩效奖励。年终绩效奖励一般与公司的年度业绩挂钩，这项工作绝大多数企业做得都比较好，中国企业普遍存在问题和困难的是月度或季度的绩效考核与绩效机制的应用。

绩效工资的应用非常广泛，所有不能设置计件或提成的岗位，都可以使用绩效工资制，并且即使以计件或提成为主的岗位，也可以设置绩效工资，因为绩效考核和绩效管理不仅仅包含企业的产量和销量，还包括企业的工作质量、管理水平、团队建设和企业文化等内容。因此，企业和各级管理人员应尽可能地推动和落实绩效工资制的考核应用，提高员工对创造岗位价值的重视与关注。

**三是充分利用企业的福利政策，为员工提供良好的福利待遇，增强员工对企业的认同感。**由于员工福利是企业相对公平和统一的政策，岗位运营管理针对福利政策进行应用和调整的空间较小，这里不再多述。

**(2)奖励处罚**

奖励处罚，是在薪酬福利之外，对于员工的特殊价值贡献和职业规范行为所做的额外的奖励或处罚。

奖励处罚是对员工的某个具体行为的行政与物质的奖励或处罚。例如，员工在公司之外做出见义勇为行为，公司给予表彰和奖励；员工违反职业规范，在工作过程中打架斗殴，给予通报和处罚等。

在实施奖励处罚时，需要注意三个方面的工作：

一是奖励或处罚的事项和标准，要有明确的规章制度的依据，企业需要完善各项管理规范和奖惩管理制度。

二是在奖励或处罚的过程中，流程要合法合规，并与员工进行充分的沟通，以达到员工认识企业奖惩的必要性及其相应的行为导向。

三是奖惩是为了在企业里倡导积极的行为与文化，消除消极的行为与文化，避免出现只奖不罚或只罚不奖的现象，这两种现象都不利于企业树立积极正向的管理文化。

(3)员工关怀

员工关怀涉及内容很多，包括员工的身心健康、精神与情感、团队协作和家庭生活等。

**一是关心员工的安全与健康。**

除了薪酬福利等物质需求外，人身安全和身体健康，是企业、管理者和员工都需要关心和关注的对象，特别是在生产和服务型企业，以及有人身安全和职业健康伤害的工作场所。需要真正遵循“安全第一、质量第二和生产第三”的安全生产管理体系和安全健康管理规范。避免因管理不到位伤害到员工的身体健康和人身安全。

安全生产，不仅仅是为了避免和防止企业财产损失，更重要的是要保护员工的人身不受伤害。比如，生产型的企业，有很多生产设备容易引起机械伤害，如叉车作业过程中的叉车对人体的伤害等。一旦员工出现严重的身体伤害甚至死亡，对员工本人及家庭生活的影响是极其巨大的。

**二是尊重员工。**

真正做到尊重员工，对管理人员来说，是非常困难的一件事情。由于权力的存在，为了完成公司的工作任务和遵守公司的职业规范，管理人员对于员工的工作具有天生的权力和权威，管理人员很容易把这种权力或权威转化为对员工的强势或威权，并且认为这种强势和威权是必要的、有效的。现实工作中，的确也会出现越是强势的、威权的管理者，员工越害怕他，员工对工作的敬畏心和严谨性越高，企业经营绩效越好的现象。

不过，就此认定管理者对员工的威权是管理能力的体现或是管理工作的必要手段，这并非是一种正确的做法。如果我们认同 X 理论，就是说人性是好逸恶劳的、不求上进的，那么的确需要采用“大棒”来管理员工。如果我们认同 Y 理论，认为人并非是生性懒惰的，在得到鼓励和激励时愿意接受工作并承担责任，那么，也可以采用“胡萝卜”来鼓励和激励员工。

事实上，遵守工作标准和职业规范与被尊重这是两个完全不同的概念，前者是工作规范，后者是人格尊严。要求员工遵守职业规范、履行工作职责，可以采取强迫威逼的手段，也可以应用尊重激励的方法。随着社会的进一步发展，越来越多的企业和管理者，会转向尊重员工的人格与平等权利，激发和激励员工的创造性和主动性。

**三是建立良好的工作氛围，促进团队的沟通协作。**

越来越多的年轻人，看重团队的工作氛围与沟通协作的工作关系，不喜欢压抑的、缺乏自主性的工作环境，特别是随着新生代就业者进入社会，他们更注重企业的文化和团队的氛围，需要企业不断地改变内部管理方式，注重工作氛围和团队建设。

**(4)员工的学习成长与职业发展**

员工在企业工作，一方面会看重薪酬福利水平，在意组织中的工作氛围，另一方面也会看重自身的学习成长和职业发展，特别是年轻一代的员工更看重自己的职业兴趣、职业能力和职业发展前景。当然在学习成长和职业发展方面，不同的员工由于自我定位和自我追求的不同，有的在这方面的感受要强烈一些，有的在这方面的感受要弱一些。越是有意愿和有追求的员工，越需要企业不断地鼓励和激发员工的潜能，提供职业发展的空间，提高员工的创造力与价值贡献。

在员工的学习成长与职业发展方面，企业和管理者需要重点做好以下几个方面的工作：

**一是客观公正地进行任职评价和潜能开发。**

客观公正进行员工的任职评价，评估和测量员工的职业倾向和职业潜能，可以让员工获得更强的认同感和自信心，激发员工对工作的热情和职业取向的追求，通过学习和进取不断地开发潜能、提升能力。

**二是培养员工，为员工提供学习成长的资源和条件。**

据调查，在新生代员工入职的时候，80%的员工会把学习和提升技能作为职业选择和工作需求的第一位。作为管理人员，培养员工，为员工提供学习和成长的机会，有两种途径：一种途径是管理者或老员工的指导或辅导，建立传帮带的机制；另一种是内外部各种培训与学习的机会。企业或管理者根据员工的任职能力和职业晋升需要，在结合任职评价的基础上安排各种工作指导和培训学习项目。

**三是帮助员工进行职业规划，提供晋升与发展的机会。**

职业规划和职业晋升，既有利于员工的潜能开发和职业发展，也有利于企业的人才开发与资源利用。

企业的各级管理人员，可以在人力资源部门的组织指导下，在公司的岗位任职评价和人才盘点的基础上，结合员工自身的需要，指导员工进行职业规划，明确员工的学习成长的要求，提供员工轮岗和晋升的发展机会。

# 三、业务改善

以讲培会推动业务的持续改善和岗位运营管理的持续优化

岗位评价提升管理的第三项工作是业务改善管理。

**(一)业务改善管理**

我们把绩效管理中的改善提升,分为两个部分,一个部分为业务改善,另一个部分为能力提升。

业务改善,是指公司的业务和管理的改善与提升,这是岗位运营管理体系中关于事的层面的改善与提升。业务改善,侧重于业务的方向、政策、措施、手段、计划的调整,推动业务的改善和发展,以达成企业的经营计划和战略目标。

业务改善,包含两个方面的内容,一是业务本身的发展,即业务目标的达成和持续发展。二是业务运营的技术与管理水平的改善与提升,即业务运营能力的改善和提升。

管理学中有一个关于企业生命周期的理论:

马森·海尔瑞(Mason Haire,1959)首先提出了可以用生物学中的“生命周期”观点来看待企业,认为企业的发展也符合生物学中的成长曲线。在此基础上,他进一步提出企业发展过程中会出现停滞、消亡等现象,并指出导致这些现象出现的原因是企业在管理上的不足,即一个企业在管理上的局限性可能成为其发展的障碍。

斯坦梅茨(Steinmetz,1969)系统地研究了企业成长过程,他发现企业成长过程呈S形曲线。

伊查克·爱迪思(Adizes)是企业生命周期理论中最有代表性的人物之一。他在《企业生命周期》一书中,把企业成长过程分为孕育期、婴儿期、学步期、青春期、盛年期(分前期与后期)、贵族期、官僚初期、官僚期以及死亡期共十个阶段(见图 7—3),认为企业成长的每个阶段都可以通过灵活性和可控性两个指标来体现:当企业初建或年轻时,充满灵活性,做出变革相对容易,但可控性较差,行为难以预测;当企业进入老化期,企业对行为的控制力较强,但缺乏灵活性,直到最终走向死亡。

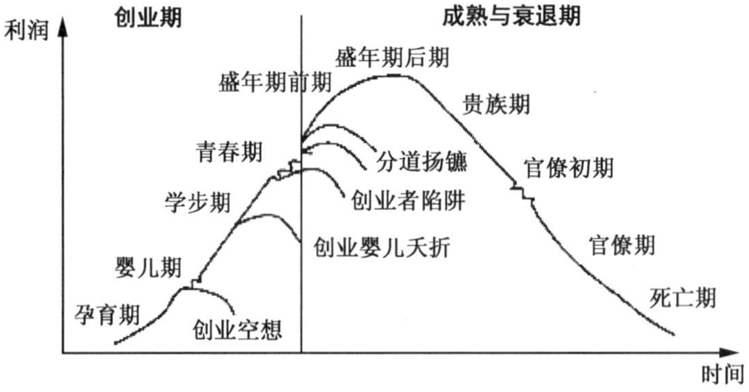


**图 7—3　企业生命周期十阶段**

企业的生命周期出现的原因,是因为岗位运营管理工作出现了从积极到消极、从有效到低效、从成长到衰退的现象,业务改善的目的是要通过每一个个体岗位运营管理工作的突破,来带动公司整体业务的改善与提升。

### (二)业务改善管理的功能

岗位运营管理的业务改善能力对于岗位管理和企业经营都具有非常重要的作用:

#### 1. 有助于达成岗位价值和目标任务

尽管企业会制订完整的年度经营计划,岗位运营管理过程中也会制订岗位的价值、目标、任务和计划,但在实施过程中会遇到各种各样的困难,影响工作计划和目标任务的达成。在这种状态下,需要管理者组织和指导员工在业务操作和绩效管理的过程中,不断优化和完善业务思路和工作方式,来提高工作质量、达成目标任务。

即便是在岗位运营管理状态良好、工作计划和目标任务都能达成的情况下,管理者和员工仍然需要通过进一步的业务研究和工作分析，在原有目标计划和工作方法的基础上进一步提高工作质量和达成更高层级的价值目标。

**2. 突破和创新，获得第二曲线**

英国的社会哲学家查尔斯·汉迪（Charles Handy）把从拐点开始的增长线称为“第二曲线”（见图7—4）。他在《第二曲线》一书中说，第二曲线是跨越S形曲线的第二次增长。他认为任何一条增长曲线都会滑过抛物线的顶点（增长的极限），持续增长的秘密是在第一条曲线消失之前开始一条新的S曲线。

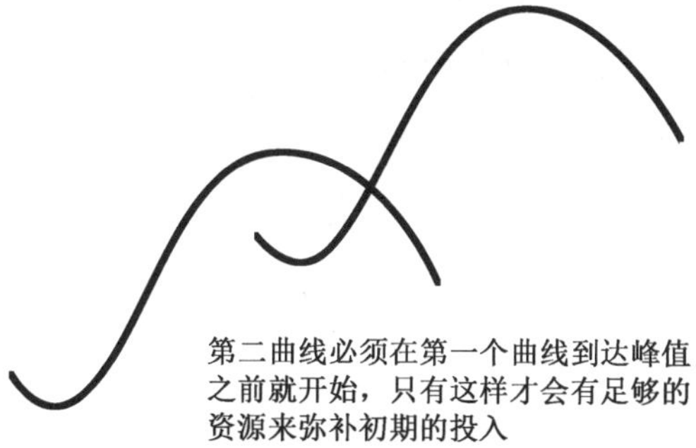


**图7—4　第二曲线**

业务改善，是企业创新和突破原有管理思维和工作方式的重要环节，企业和岗位只有持续不断地创新和突破，才能改变原有业务的抛物线的运行轨道，重新获得突破和二次增长机会。

**3. 培育核心竞争能力，超越竞争对手，获得可持续发展**

企业在技术和管理上的创新和发展，是企业培育核心竞争能力的重要途径和方式。每一个岗位在技术和业务上的创新与突破，汇集成企业和团队的共同力量，从而获取比竞争对手更大的竞争优势，推动和维护企业的可持续发展。

**（三）业务改善管理的途径和方法**

如何做好业务改善工作？

基于岗位运营管理体系，构建价值目标管理、职责规范管理、配置胜任管理、沟通协作管理和评价提升管理的应用和持续改善。

具体到业务改善层面，可以重点做好以下几方面的工作：

1. 岗位的价值目标和业务状态的持续改善

管理的首要任务是经营，是达成经营的目标和实现企业的价值。因此，达成经营目标和实现岗位价值是岗位运营管理的业务改善的出发点。

(1)达成经营计划和管理目标

企业的任何岗位都是为企业的经营目标服务的，即使是技术、职能、后勤等非生产、销售的部门，其工作的也都是围绕公司的经营目标的实现进行配置和安排。

业务改善的首要任务是达成岗位运营管理所既定的经营计划和管理目标。对于既定的经营计划和管理目标，如果产生偏差或需要获得更高质量的工作成果，主要是基于“人、机、料、法、环”和 SQCDM 两个管理工具进行改善。

①资源配置：人、机、料、法、环的优化配置

围绕经营目标的差距，首先是做好资源配置的评估和确认，通过人、机、料、法、环等资源和技术条件的评估与优化，来支持员工的工作，以保障公司经营计划的实施。

一是人的因素，在员工配置、能力培养和沟通协作等方面给予支持和调整。

二是机器设备的因素，对机器设备的维护、维修和更新做出安排和调整，提高机器设备的自动化和信息化水平。

三是生产材料的因素，对生产和经营所需的原、辅材料进行优化和调整。

四是工艺技术与工作方法的因素，这是最难以评估但是最重要的软性资源，包括生产的工艺技术、企业的管理体系、管理者的管理方法和员工的工作方式等。

五是工作环境的因素，是指工作场所和工作氛围的优化和调整。

②质量与效率：SQCDM 的持续改善

业务改善的着力点是质量与效率的提高，以满足客户的需求和市场竞争的需要。

一是安全，坚持“安全第一、质量第二、生产（业务）第三”的业务运营管理理念，将安全规范纳入生产作业和业务运营的作业流程与管理体系，确保人身和财产的安全无事故。

二是质量，产品和服务的功能与品质是企业生存的基础，是企业品牌与信誉的保障。

三是成本，成本决定了企业产品与服务的市场价格和竞争优势，成本控制和成本管理是需要企业不断通过技术创新和管理创新来获得的经营能力。

四是效率，效率来自技术创新和管理创新的两个方面，通过技术创新提高生产效率，通过管理创新提高劳动效率。

五是团队，团队既是人的因素，也是组织的因素，优化团队配置、提升组织效能，是团队管理的重心。

**(2)企业价值与岗位价值的评价与优化**

岗位运营管理的目标需要始终以客户的需求和企业的价值为导向，客户的需求是随着个体和社会的变化而不断发展变化的，企业的价值是在客户需求的变化的过程中随着市场竞争环境的变化而变化的，企业的价值体现在超越竞争对手的客户认同之上。

因此，岗位运营管理的目标与措施并不能以维持现状和自我认同为基础，需要不断地审视和评估客户的需求与企业的价值，并在此基础上，不断重新衡量和审视岗位的价值目标和管理措施，以推动岗位价值的正向增长。

**2. 技术创新**

技术创新和产品创新，是提高质量和效率的重要途径。蒸汽机的发明推动了第一次工业革命，电气化应用推动了第二次工业革命，自动化推动了第三次工业革命，信息化与智能化的结合将带动工业制造 4.0 的发展。

华为、阿里、腾讯等科技企业的成功，都是技术创新上获得成功的最典型的案例。

随着信息化与智能化水平的提高，人工成本的上涨，通过技术创新进行产品开发和效率提升成为企业提升能力、提高效率、降低成本和获得市场竞争优势的重要途径和方法。

**3. 管理创新**

管理创新，是提高管理能力、工作质量与组织效能的重要途径。管理创新根据其出发点不同，又分为两个层面的管理创新，一是企业层面的运营管理体系的创新与优化，二是岗位层面的运营管理体系的创新与优化。

**(1)企业层面的运营管理体系的创新与优化**

企业层面的运营管理体系的创新和优化,包括公司的战略规划、产品开发、营销策划、财务管理、技术管理、成本管理、人力资源管理、人才开发与组织发展、信息技术应用、公司治理和企业文化等一系列涉及企业经营与管理层面的管理理念与管理技术的创新与发展,这里不做过多阐述。

**(2)岗位层面的运营管理体系的创新与优化**

岗位运营管理体系的建设、实施和应用是一个专业的、严谨的、全面的甚至是复杂的过程,每一个环节都需要有专业和规范的支撑。

但是岗位运营管理体系的建设、实施和应用,并不是一个一成不变的体系,岗位运营管理的体系和方法需要围绕企业的发展战略和岗位的价值目标的变化而不断优化调整,也就是说,岗位运营管理体系的建设、实施和应用是一个动态的过程,是随着企业经营管理的变化和管理技术的发展而不断变化的。

一是岗位运营管理体系的建设和管理方法的运用,是一个日积月累和循序渐进的过程,需要在岗位的日常运营管理过程中,结合业务的实际需求持续地优化和完善。

二是岗位的运营管理体系、管理方法和工作方式涉及管理学的各个领域的管理理论和管理方法,如价值管理、目标管理、制度管理、人才测评、胜任模型、沟通理论、执行力、绩效管理、激励理论、人才开发、公司治理等多个方面,这些管理理论和管理方法的创新和应用是一个随着人类社会发展与进步而不断创新和创造的过程,企业的各级管理人员和员工需要不断地学习和运用人类社会最新的管理创新和技术创新的成果,不断地丰富和完善岗位运营管理体系。

# 四、能力提升

构建超意识思维下的学习成长与潜能开发模式

岗位评价提升管理的第四项工作是员工的能力提升管理。

### (一)员工的能力提升

员工的能力提升是业务改善的基础。能力提升与人才开发,也是企业培育核心竞争力和提高组织效能的重要途径。

员工能力的提升主要包含两方面的能力提升,一个是潜能开发,一个是现有知识和技能的更新。

员工现有能力的发挥,是需要通过管理和激励来促进员工能力的最大化利用,这种管理和激励,我们在前面所讨论的岗位运营管理的各项工作以及奖惩激励一节分别做了相关阐述。

员工的潜能开发,需要在员工个性特质的基础上,通过增强员工的自我认知、激发员工的进取精神,来进一步充分发挥个体的优势和所具备的资源,使其认知、态度、技能达到一个更高层次的或最大化的水平。

现代社会倡导员工的终身学习,就是在现有认知和能力的基础上,结合社会已有的和未来的知识与技能的发展,不断学习、更新和提升现有的知识与技能,并通过潜能开发进一步提升员工的综合能力素质。

### (二)能力提升的功能

潜能是员工自身具备的内在的特质和未被激发与培养出来的潜在能力。人的一生,其潜能并不一定会被全部地激发、挖掘并被使用到工作与生活之中,就如同人类大脑的智能一样,我们所使用的大脑的智慧还只是大脑所具备的能力的极其微小的部分。曾有人提出,正常人的脑细胞约 140 亿～150 亿个,但只有不到

10%被开发利用，其余大部分在休眠状态，更有研究统计认为有98.5%的脑细胞是处于休眠状态，甚至有专家认为只有1%的脑细胞参加了大脑的功能活动。无论这些观点是否正确，从现实中全社会大中小学的教育普及程度和教育方法来看，绝大多数人的受教育程度和所采用的学习方法都还有待提升，也正因为如此，现在越来越流行终身学习的理念和方式。

终身学习的意义在于不断更新我们的知识和技能，并最大限度地挖掘和使用我们具备的内在潜能。

通过潜能开发和终身学习促进员工的能力提升，对企业和员工具有重要的意义：

**1. 有助于员工的学习成长和职业发展**

组织和开展员工的能力提升工作，首先是有助于促进员工的学习成长，帮助员工不断开发潜能、更新知识技能，提高工作能力、工作效率和工作质量，同时，也有助于员工的岗位晋升与职业发展，提高员工对企业的忠诚度和敬业度。

**2. 有助于企业的人才开发与人力资源的发展，提升组织效能和劳动生产率**

员工对自己在企业中的自我角色定位和职业预期，不仅仅是基于现有的能力做出判断，也是在内在的自我意识和潜能预估的基础上做出的考量。

例如，员工对其所处的岗位和薪酬的期望，是基于现有的能力并结合对自身潜能和未来发展所做的安排和预期。为什么有很多员工会不满足自己现在的岗位和薪资标准，与企业对他的能力和定位之间产生偏差，这一方面是因为不同的角度和利益主体做出的决策和判断不同，更重要的是员工不仅仅是根据其现有的能力和状态进行的评估，同时也包含了他对自身潜能和未来发展做出的判断和预期。

很多时候，企业招聘的一部分的员工，其在能力上可能会低于岗位的要求，而薪酬会高于岗位的标准。这种现象，降低了企业在人工成本上的投入产出，甚至会严重影响企业的健康发展。

对于企业来说，员工的能力提升有几个非常重要的功能：

一是提高员工的工作能力与劳动生产率。

二是促进企业的人才开发和内部后备人才培养，满足企业的用人需求。

三是提升企业的组织效能，培养企业的核心竞争优势。

四是提高企业的人力资本的投入产出，发挥人才在企业经营及价值创造中的主导作用，提升企业的盈利和可持续发展能力。

**(三)能力提升的方式与应用**

西方有一句格言，“性格决定命运”，这一句话还被进一步延展表述为“思想决定行为、行为决定习惯、习惯决定性格、性格决定命运”。

性格决定命运，这并不一定是宿命论或唯心论。性格之所以决定命运，不是性格本身的特异功能，而是因为性格是思想和行为的长期活动所体现出来的特质或特征，性格决定命运只是一种表象的概述，本质上是人的思想和行为决定了人的命运。当然现实生活中，机会也会对人的经历和命运产生影响，不过总体上来说，人的思想和行为对人的命运的影响是必然性的，机会的影响是偶然性的。

性格决定命运，归根结底，是人的思想引导了人的行为方式和行为能力(当然，也受人的天生的身体特质影响)，人的行为方式和行为能力决定了人的成就与命运。

人的思想和行为的变化，一方面需要不断的学习即通过终身学习来提高、改变我们的思维与认知，另一方面是通过行为的转变来改变和塑造人的行为方式和行为能力。

俗话说，“江山易改，本性难移”，这其中最大障碍，是因为无论要改变别人的思维意识和行为方式，还是改变自己的思维意识和行为方式都是非常困难的。在两者之间，可能改变自己的思维意识和行为方式相对来说更具有自主性和可控性。

在英国威斯敏斯特教堂地下室，英国圣公会主教墓碑上写着这样的一段话：“在我年轻的时候我曾梦想改变这个世界，可当我成熟之后，我发现，我不能够改变这个世界；于是我将目光缩短一些，那就只改变我的国家吧，可当我到了暮年的时候，我发现我根本没有能力改变我的国家；于是我最后的愿望仅仅是改变我的家庭，可是这也是不可能的。当我躺在床上，行将就木的时候，我忽然意识到我当初要是先从改变自己开始，也许我就能改变我的家庭，在家人的鼓励和帮助下，也许我就能为我的国家做点事情，然后谁知道呢？说不定我能改变这个世界。”

人们都习惯于通过改变别人或外部事物来满足自己，所以，最难改变的反而是自己。

图 7—5 这张照片拍摄于中国西部宁夏回族自治区南部地带的一个小地方——西海固（现属于固原市）。西海固属于黄土高原的干旱地区，有着无数的沟、壑、塬、峁、梁、壕、川，属宁南黄土丘陵地带。这里年平均气温 3～8℃，极端最高气温 39.3℃，极端最低气温－30℃。1972 年被联合国粮食开发署确定为最不适宜人类生存的地区之一。

**图 7—5 最不适宜人类生存的地区之一——宁夏西海固**

这里是一片缺水干枯的土地，气候干燥，降雨极少，人们主要依靠挖土坑或小水沟，在里面提取所谓的“坏水”，且这里的水很咸，但就是这样的水西海固仍然是很缺乏的。这里的回族人们，在不适宜生存的艰苦环境中，很少抱怨，他们对宗教的敬畏和虔诚使他们的精神显得充实。

为了改善当地居民的生活和生产条件，20 世纪末，宁夏回族自治区开始了大规模的生态移民。但是仍然有一些习惯了在这里生活的人们不愿意离开家园，仍然留在这里过着极其艰苦的生活。

思维意识和行为方式的固化，是限制我们的能力和行动的最主要的因素。员工的能力提升最大的困难和障碍，是如何引导员工思维意识和行为方式的改变。

从猿到人，人类的身体特质、思维意识和行为方式一直在渐进而缓慢地发生着变化，从别人的视角中看我们现在对自身思维意识、行为方式和身体特质的塑造与改变，可能就如同我们在图7—6这张照片中看大猩猩学习走“钢丝”一样，既有可能、又很笨拙。

**图7—6　大猩猩学习走“钢丝”**

能力提升的关键是思想、认知、行为和个体特质的改变，这里，我们要进一步讨论，如何通过思想和行为的改变来进行潜能开发和能力提升。

1. 行为

虽然说思想决定行为，但人的行为实际上是由人的思想和身体共同行动的结果，思想是人的心理活动，身体是人的生理基础。人的心理活动也是在人的生理活动的基础上产生的，因此，人的生理特征是人的思想和行为的基础。

人的个性特征，既包括人的生理特征，也包括人的生理特征作用下的心理活动和在心理活动指导下的人的行为的特征。

例如歌星和相声演员，歌星是通过声乐和肢体舞蹈动作表达优美的听觉与视觉感受，相声是通过语言和肢体配合来表达情趣与思想。歌星和相声演员的思想活动和身体活动都会有明显的差异和区别。歌星的声线表现力在长期训练中越来越动人，而相声演员的语言表达能力在长期训练中越来越风趣。

人的身体即人的生理特征首先是天生的，然后是通过后天在心理作用下的行为训练可以得到改变和塑造，如发声的能力、语言表达的能力、面部表情的能力、肢体表达能力，以及脑力劳动能力和体力劳动能力等，这些行为能力是要在原有生理特征的基础上经过长期的、艰苦的训练塑造出来的，并且是非常困难和有限度的。

行动学习，就是要通过长期的行为训练来改变人的行为能力和生理特质，同时通过行为活动来影响人的心理活动，从而进一步产生、转化和固化新的行为习惯和行为能力，甚至由此构建我们对自身行为能力的新的认知。

**2. 思想认知**

思想决定行为，那么，什么影响和产生人的思想呢？知识和思维模式，是知识在人的思维模式的作用下产生了人的思想认知。

**知识＋思维模式＝思想认知**

**(1)知识**

社会知识不等于个人的思想认知，只有被一个人接受的知识才能成为一个人的思想认知。

比如制度管理和职业规范，所有的管理人员和员工都知道企业需要制度管理和职业规范，但并不是所有的人都认同并遵循制度管理和职业规范。

某公司销售经理是一个出色的销售人员，在他加入公司之后，他所负责的项目销售取得了非常不错的业绩，为公司的业务发展和业绩提升做出了不小的贡献。

为了激励该销售经理，为其提供更大的业务发展的平台，公司将他所负责的项目板块成立了一个新的子公司，并任命他为新的子公司的总经理，公司同时为他安排了相关总裁班的学习和培训。

随着子公司规模的扩大，问题变得越来越多，首先是他并不认同公司总部的管理规范和管理要求，不断挑战总部的职能管理，以期望获得更大的权限和自由。其次是他自认为自己是一位优秀的经营者，并把主要精力都放在业务开发上，对于内部的管理任人唯亲并疏于规范，导致内部业务流程混乱、违规违纪现象频出。

虽然公司有明确的相关制度和管理规范要求，并且他也参与了相关总裁班的经营理论和管理实务的学习培训，但在他看来，销售业绩和个人利益是第一位的，管理是对他的限制和制约，因此，始终走不出对管理的排斥，直到他所负责的子公司出现严重的经营问题和廉洁问题，被公司开除。

规范管理是企业存在的必不可少的工作，这个道理或知识大家都知道，但并不是所有人都认同规范管理，在中国企业的管理实践中，事实上也的确有很多创业者或企业的管理者不认同或不重视规范管理。

也就是说，规范管理的概念和知识并不一定成为人们认同的管理思想和认知。

知识，并不一定必然地成为每个人的思想认知。人类对自然世界和社会活动的认知，是一个漫长的、循序渐进的过程。开发和提高人类的认知主要是通过两种途径，一种途径是通过技术和科学研究来获得知识，另一种就是通过人的思维方式和思维能力来加工处理知识，形成人的新的思想认知。

**(2)思维方式**

思维方式，是人思考和看待事物(即知识)的模式，思维方式决定了人对知识的理解和接受程度，体现了人加工和处理知识的能力。

一个卖鞋子的销售人员到了非洲，看见当地人都不穿鞋子，乐观的、积极思考的人，看到了销售的希望，这是一个巨大的空白市场；悲观的、消极思考的人，感到很绝望，认为这是一个没有市场的地方。

不同的人思维方式不同，对同一事物或知识的理解不同，这就产生了人在思想和认知上的差别，也就产生了人的行为能力和行为结果的不同。

**3. 学习与思维训练**

人的能力的提升，取决于三个方面：第一个是对知识的发现和传播，第二个是思维方式的改变，第三个是行为的训练。在这里我们重点探讨思维方式的改变和思维训练。

人的学习和思维方式有两种形态，一种是基于现有认知的思维方式，另一种是跳出现有认知的思维方式。为了区分这两种思维方式的不同，我们把基于现有认知的思维方式称为被意识的思维与学习，跳出现有认知的思维方式称为超意识的思维与学习。如图 7—7 所示。

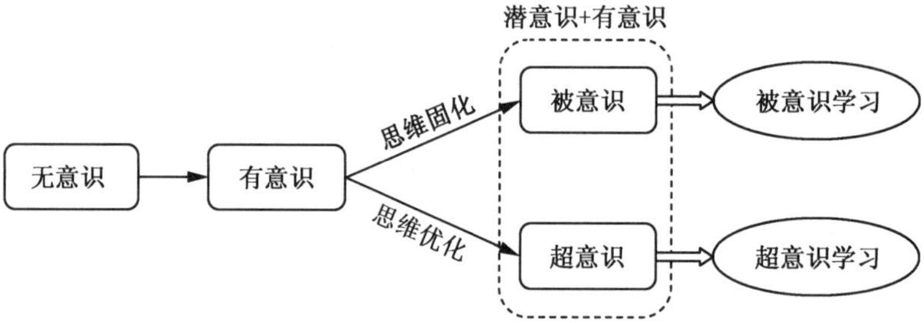


图 7—7　两种学习与思维方式

(1)基于现有认知的思维方式:被意识的思维与学习

**人在形成认知和观念之后,就不再是先学习后思考,而是先思考后学习。这样就产生了一个问题,就是人的思考是基于人的已有思维意识还是基于外部的客观事实来思考的,这影响了后面的学习行为。**

由于每个人都是在现有或已有的思维意识的基础上进行思考和学习,这种已有的思维意识存在于人的主观意识里,是每个人已经存在的一种思想认知。人的思考并不是凭空产生的,而是基于人已有的思想认知即人的已有认知来思考的,这种思考方式就是基于现有的认知的思维方式。

比如,企业在推行绩效管理或绩效考核时,遇到的阻力是非常大的,原因是很多人已经形成了一种思想认知,就是绩效考核是用来考核和处罚员工的,因此,无论是管理者还是员工,都有相当一部分人并不喜欢推行或接受绩效考核与绩效管理。即使你在培训或进行沟通说明的时候怎么解释绩效管理的方式、作用、功能和意义,他们都已经不再用心学习和正面地理解与接受。

人们基于主观的、已有思维意识下的思维方式和学习活动,会严重影响人们的学习、认知和能力提升。这就好比说,当杯子里已经有了半杯水或装满了水,你只能在已有的水上加水,甚至无法加进去水一样。

(2)跳出现有认知的思维方式:超意识的思考与学习

跳出现有认知的思维方式,是指我们不是基于主观的、已有思维意识来进行思考和学习的方式,也就是跳出现有的思想和认知,在现有的思想和认知之外,重新进行建构和学习。

这种学习和认知模式类似于人在婴幼儿时期的学习和认知模式，人在出生的时候，是没有思想和认知的，就如同一张白纸，是在成长的过程中，在家庭、学校和社会的影响下开始了学习和成长，并形成了自己的思想和认知。当我们形成了一种思想和认知之后，接下来的学习和认知就变得复杂和困难，人的学习和认知，就不再是一种纯粹的简单的对外部知识的学习和认知，而是在自己已有思维和认知的基础上的学习和认知。

同样是面对绩效管理和绩效考核，我们还有一种方式和态度，就是先不考虑自己是什么样的思想和认知，先认真地学习和交流公司对绩效管理和绩效考核的培训与安排，然后基于目标和结果，来学习和分析绩效管理和绩效考核的方式与方法，形成新的关于绩效管理和绩效考核的理解、认知和方式、方法。

这种跳出自己现有的思维意识去客观地认知、学习和思考的方式，称为超意识的思维与学习。这种思维和学习的方式，可以跳出已有思维意识的影响，更客观地学习和理解外部事物，形成新的思想和认知，由此产生的思想认知和行为方式更接近和符合事实和客观需求，以这种思维方式进行学习的人，他的学习、思考和行为的结果可能更科学、更有效。

不过，能跳出已有思维意识，做到客观实际地思考和学习的人，是极少数的，绝大多数人都是在已有思维意识和思想认知的影响下进行思考和学习。当然，即便是那些极少数能跳出已有思维意识、遵循客观事实进行思考和学习的人，也并不是能绝对地、无时无刻地跳出已有思维意识和思想认知的，因此，我们也经常看到，即便是再科学和伟大的人，也都避免不了在思想、认知和行为上出现差错或失败，这也是为什么有很多的企业家和管理者会在一个阶段取得成功，而又会在另一个阶段出现失败的主要原因。

# 后记

# 重塑中国社会的职业理念与工作方式

前几年，我所在的公司总部从内地迁移至上海，在上海重建总部，我负责上海总部的重建工作，由此，涉及大量新员工的招聘和集团管控体系的建设，这是一段非常痛苦的经历，也是一次收获巨大的实践。这次经历，让我解开了困扰已久的对中国企业管理模式与员工职业行为的思考和管理模式的创新路径。

在中国改革开放的三四十年市场经济发展的大潮里，在追求"利益最大化"的经营理念的引导下，伴随着一代代新生代的出现，中国社会的职业理念逐渐淡化了敬业奉献精神，对于更广大多数的员工来说，上班、挣钱、完成工作任务，成为最主要的职业理念，在这种职业理念的影响下，不同企业和不同员工的工作方式、工作效率和工作质量产生了极大的差异。

为了探索和构建一套适合企业发展和员工成长的企业管理模式和员工职业规范，我花了将近十年的时间学习、整理和实践关于企业在岗位执行管理和员工职业行为上的管理理论与管理方法，并由此形成本书所阐述的一套岗位运营管理体系。这套岗位运营管理体系，既是将企业运营管理体系集合到岗位执行层面，也是将人力资源管理和业务运营管理整合为一套管理者的管理思路与管理方法，更是把各种管理理论和工作内容整理成员工履行岗位工作的一种职业理念与职业规范。

**"担当使命、创造价值"，这是每一个员工从被动应付到主动创造，与企业共建、服务社会、提升自我的核心理念；"系统、专业、规范、高效"地履行工作，这是每**

**一个员工提高职业技能、创造岗位价值、促进职业发展和社会进步的重要途径。**

当然，员工的职业理念和工作方式，虽然是员工的思想观念和职业行为，但它的形成和产生，并不只是来自员工的自觉或自发行为，更多的是来自社会职业理念的传播和企业管理行为的引导。

我们希望通过《岗位运营管理》这本书在企业、管理者和员工中的应用和推广，构建和完善中国企业的岗位运营管理体系和职业规范、重塑中国社会的职业理念和工作方式，促进中国企业与中国社会的健康协同发展。